EdTech
エドテック

で創る
未来の
探究学習

山内祐平
池尻良平　著
澄川靖信

JN040172

明治図書

目 次

第1章
探究学習と EdTech

1 はじめに ……………………………………………………………… 008
2 探究学習とは ………………………………………………………… 012
3 EdTech とは ………………………………………………………… 018

第2章
EdTech や AI の技術的な概説

1 EdTech を支える技術の解説 ……………………………………… 024
2 AI を構成している技術 ……………………………………………… 028
　①教師あり学習 ……………………………………………………… 028
　②教師なし学習 ……………………………………………………… 032
　③検索エンジン ……………………………………………………… 034
　④生成 AI ……………………………………………………………… 038
3 可視化技術 …………………………………………………………… 042
　①立体表示 …………………………………………………………… 042
　② AR ………………………………………………………………… 044
　③ VR ………………………………………………………………… 046
　④ MR・メタバース ………………………………………………… 048
4 第2章のまとめ ……………………………………………………… 050

第3章
探究学習の問いづくりを深める EdTech

1 探究学習の問いづくりに役立つ EdTech の概要 ………………………… 054
2 先進的な授業例：AI を使った問いの推敲 ……………………………… 056
　①授業案の紹介 ……………………………………………………………… 056
　②活用した AI の仕組み …………………………………………………… 062
　③実際の学習事例 …………………………………………………………… 068
　④明日からの授業で組み込む際のアドバイス ………………………… 070
3 明日からできる授業案：Google Scholar で収集した先行研究を起点
　にした問いづくり ………………………………………………………… 072
　①授業案の紹介 ……………………………………………………………… 072
　②活用できる EdTech の機能紹介 ……………………………………… 078
　③学習例 ……………………………………………………………………… 080
4 その他の関連事例：VR・360度映像を使った問いの発想の刺激 …… 082
5 第3章のまとめ ……………………………………………………………… 084

第4章
探究学習の調査・実験・開発を広げる EdTech

1 探究学習の調査・実験・開発に役立つ EdTech の概要 ……………… 088
2 先進的な事例：GeoGebra を使った数学的な調査・実験・開発 …… 092
　①授業の紹介 ………………………………………………………………… 093
　②活用した EdTech の機能 ……………………………………………… 100
　③実際の学習事例 …………………………………………………………… 102

④明日からの授業で組み込む際のアドバイス ……………………… 106
③ 明日からできる授業案：テキストマイニングを使った調査 ………… 108
①授業案の紹介 ………………………………………………………… 108
②テキストマイニングの仕組みの解説 ……………………………… 114
③活用できるテキストマイニングのソフトの紹介と仕組みの解説 … 116
④学習例 ………………………………………………………………… 118
④ その他の関連事例：Google Earth の写真を使った地理の調査 ……… 122
⑤ 第4章のまとめ ……………………………………………………… 124

第5章
探究学習の発表・議論を開く EdTech

① 探究学習の発表・議論に役立つ EdTech の概要 …………………… 128
② 先進的な事例：同期システムを使った教室外の専門家との議論 ……… 130
①授業の紹介 …………………………………………………………… 130
②活用した EdTech の機能紹介 ……………………………………… 138
③実際の学習事例 ……………………………………………………… 140
④明日からの授業で組み込む際のアドバイス ……………………… 146
③ 明日からできる授業案：機械翻訳を活用した海外への発表・議論 …… 148
①授業案の紹介 ………………………………………………………… 149
②機械翻訳と英文チェッカーの仕組み ……………………………… 154
③学習例 ………………………………………………………………… 156
④ その他の関連事例：AI との議論 …………………………………… 158
⑤ 第5章のまとめ ……………………………………………………… 160

第6章
EdTechと未来の探究学習

1　探究学習における EdTech 活用・12のポイント ……………………… 164
2　EdTech と情報教育 …………………………………………………… 167
3　EdTech と未来の探究学習 …………………………………………… 169
　① EdTech と探究の問いづくり ……………………………………… 169
　② EdTech と探究の調査・実験・開発 ……………………………… 170
　③ EdTech と探究の発表・議論 ……………………………………… 171
　④ EdTech と未来の探究学習 ………………………………………… 172

参考文献　　174

第 1 章

探究学習と
EdTech

山内　祐平
池尻　良平

1 はじめに

　著者である山内・池尻・澄川は，この数年間探究学習で EdTech をどう活用するかについて研究してきました。特に第3章でご紹介する AI を用いて歴史の探究学習の問いを深める研究は，科学研究費の助成を受け，論文としても成果を発表しているものです。

　探究学習における EdTech の活用については，さまざまなバリエーションがあります。この本では，探究学習について「問いづくり」「調査・実験・開発」「発表・議論」の3つのフェーズでとらえ，それぞれについて EdTech をどう活用することができるのかについて，先進的かつ目標となるような事例や明日からすぐ使える事例までをご紹介し，今後教育現場で EdTech を活用した探究学習が広がっていくために必要な情報をまとめています。

　探究学習は「主体的・対話的で深い学び」，いわゆるアクティブラーニングの一形態として学校に導入されつつあり，現場の対応が求められている学習です。

　アクティブラーニングは初等中等教育のみならず，高等教育も含め今世紀初頭からその必要性が世界各国で「再評価」されてきました。

　このような学習者主体の教育については，特に小学校・中学校においては特に目新しいものではありません。大正時代の新教育運動以来，形をかえながらつねに教育のあり方の底流にある考え方だからです。

　にもかかわらず，今なぜ世界各国で再評価されているのでしょうか？

　それは，教育の「高度化」に対応するための方法として注目されているからです。

　もともとアクティブラーニングは，教科書に書いてあることを教員が「教える」ことでは十分ではなく，学習者の生活世界につなげながらひとり

ひとりが「納得する」ことを支援するのが教育であるという考え方から始まりました。その意味では「学習を保障する」ことが出発点だったわけです。

　ところが，20世紀後半から21世紀にかけて社会が急速に情報化・国際化する中でそれ以外の役割を期待されるようになってきたのです。

　社会の変化によって，仕事のあり方も大きく変わりつつあります。いわゆるルーチンワークはどんどん自動化されていき，残された仕事は高付加価値の創造的な業務にシフトしつつあります。

　もともと現在の学校教育システムは，近代化にともなって勃興した第二次・第三次産業の労働者を安定的に育成するという文脈で発展してきたものです。工場労働者が典型ですが，マニュアルを読み書きでき，きちんと時間に従って決められた作業をできるということが，学校教育修了後に求められる能力だったわけです。

　ところが，21世紀に入るころから，社会の変化にともなって学校教育の目標を高度化しなければならないのではないかという議論がなされるようになりました。例えば，アメリカを中心に議論された21世紀型スキルという新しい教育の目標体系は，以下のような項目から構成されています。

思考の方法	
1	創造性とイノベーション
2	批判的思考，問題解決，意思決定
3	学び方の学習 メタ認知
働く方法	
4	コミュニケーション
5	コラボレーション（チームワーク）
働くためのツール	
6	情報リテラシー
7	ICT リテラシー
世界の中で生きる	
8	地域とグローバルのよい市民であること（シチズンシップ）
9	人生とキャリア発達
10	個人の責任と社会的責任（異文化理解と異文化適応能力を含む）

表1-1. 21世紀型スキルの目標体系

このような高度な能力を身につけるための方法として再評価されてきたのが，アクティブラーニングというわけです。探究学習が今注目されているのは，それを通じてこのような高度な能力を身につけることが期待されていることを，社会的文脈としてぜひご理解いただければと思います。

　EdTech も現在各方面から注目されている言葉です。特に昨今の機械学習・生成 AI の急速な技術発展により，教育の方法に革新をもたらすことができるのではないかと期待されています。
　一方で，EdTech の活用イメージについては，いわゆる「個別最適化学習」に偏っているように思います。大量のビッグデータから学習者ひとりひとりに最適な教育方法を提供するというアイデアについては，実現すれば学校教育の底上げにつながることは間違いありません。また，1970年代の CAI（Computer Assisted Instruction）以来，ずっと研究され続けてきたテーマでもあり，ドリル学習のフィードバックなどについては，すでに一定の成果が出ています。
　しかしながら，EdTech の可能性は個別最適化のための利用に閉じられているわけではありません。さきほどお話ししたように，探究学習が今後の学校教育において重要であり，知識習得にとどまらない高度な能力育成が求められているとすれば，それを支援する EdTech のあり方も積極的に検討していく必要があるのではないでしょうか。
　本書においては，今まであまり注目されてこなかった探究学習を支援するための EdTech のあり方について紹介していきたいと思います。

EdTech の活用について知っておくべき技術的な知識については，第2章でわかりやすく解説しました。

　探究学習の「問いづくり」については，第3章で AI を使った問いの推敲や Google Scholar で収集した先行研究を起点にした問いづくり，VR・360度映像を使った問いの発想の刺激について事例を紹介します。
　「調査・実験・開発」については，第4章で GeoGebra を使った数学的な調査・実験・開発，テキストマイニングを使った調査，Google Earth の写真を使った地理の調査について説明します。
　「発表・議論」については，第5章で同期システムを使った教室外の専門家との議論，機械翻訳を活用した海外への発表・議論，AI との議論などをとりあげています。

　最後の第6章では，探究学習における EdTech 活用について12のポイントをまとめるとともに，今後の方向性について論じています。

　本書は通読していただくことによって EdTech を活用した探究学習の全体的なあり方について理解できるように構成しておりますが，ご関心がある領域に関して事典的に使っていただくこともできます。その際にお役にたてるように，事例については，「先進的な授業例」「明日からできる授業案」「その他の関連事例」というまとめかたになっています。
　読者のみなさまが EdTech を利用した授業案を作成される際にご活用ください。

2 探究学習とは

　「探究学習」という言葉を聞いて，みなさんはどのような活動を思い浮かべるでしょうか。ここでは文部科学省の定義と探究学習に関する研究を紹介しつつ，本書が想定する「探究学習」の定義について整理したいと思います。

　「探究学習」という言葉を聞いたとき，学校の先生であれば学習指導要領解説に載っている**図1-1**の螺旋図を思い浮かべる人が多いと思います。文部科学省（2017）では，「探究的な学習」を「物事の本質を探って見極めようとする一連の知的営み」と定義しており，図1-1のように「課題の設定→情報の収集→整理・分析→まとめ・表現→…」と螺旋的に進むことが重要であるとしています。

　平成29・30年版の学習指導要領では，小中高を通して探究を実施することが想定されており，小中学校では「総合的な学習の時間」が，高校では「総合的な探究の時間」が用意されています。さらに高校では，様々な教科の見方・考え方を横断的に働かせて探究する「総合的な探究の時間」に加え，各教科の見方・考え方を働かせて探究する「古典探究」，「地理探究」，「日本史探究」，「世界史探究」，「理数探究基礎」，「理数探究」も用意されており，より一層探究を重視していることがわかります。

　また，「総合的な探究の時間」は「総合的な学習の時間」と比べて，**図1-2**のように，自己の在り方生き方と一体的で不可分な課題を設定することが求められています。加えて，探究の過程を高度化したり，自律的に探究を行ったりすることも求められており，探究の質も重視されていることがわかります。

　「探究学習」を課題の設定から考える点，螺旋的に発展していくものと捉える点，最終的には自己の在り方生き方と関連させる点については，探究学習の特徴として押さえておくべきポイントといえるでしょう。

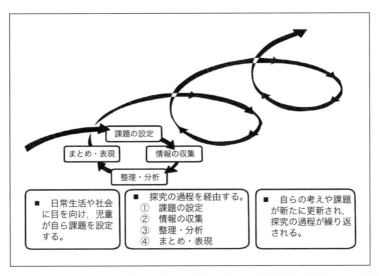

図1-1. 探究的な学習における児童・生徒の学習の姿（文部科学省（2017）より転載）

課題と生徒との関係（イメージ）

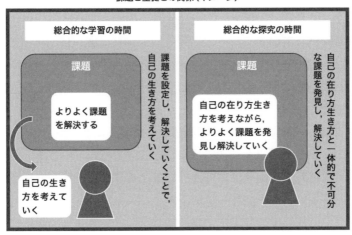

図1-2.「総合的な学習の時間」と「総合的な探究の時間」の違い（文部科学省（2018）より転載）

では次に，研究の世界では「探究学習」の定義やプロセスがどうなっているかも見ていきましょう。「探究」は英語で"Inquiry"，「探究学習」は英語で"Inquiry-based Learning"と訳されることが多いですが，"International Handbook of Inquiry and Learning"という学術的なハンドブックが出版されるほど，探究学習は研究者からも注目されています。

　この学術書の著者らは，「探究」に共通する要素として，学習者が「物事を発見すること」を挙げています（Duncan & Chinn, 2021）。つまり，検索したらすぐに設定した問いの答えがわかってしまう調査や，結果が教科書に載っているような実験は探究にはなりません。そのため，すぐには答えがわからないけれども探究してみたい問いを作ったり，エビデンスに基づいて高度な推論をしたり，探究に関係するコミュニティに参加してみたりすることが重要であるとされています。

　また，探究学習のフェーズに関する面白い研究もあります（Pedasteほか，2015）。この研究では，探究学習に関する論文を集め，どのような活動があるのか，それらはどのように分類されるのか，またどういうフェーズで進むのかを整理しています。その結果，探究学習は**図1-3**のように，「オリエンテーション」「概念化」「調査」「結論」「議論」の５つのフェーズに分かれることがわかっています。また，「概念化」は「問いづくり」「仮説生成」の２つのサブフェーズに分かれ，「調査」は「探索」「実験」「データ解釈」の３つのサブフェーズに分かれ，「議論」は「コミュニケーション」「リフレクション」の２つのサブフェーズに分かれることもわかりました。さらにこの研究では，探究のプロセスは一方通行ではなく，フェーズ間で行ったり来たりすることが多いことも発見しています。

　このように，研究上の探究学習は，学習者にとって新しい発見になることが必須条件であり，その方法として問いづくりや仮説生成を重視している点，高度な推論を重視している点，探究に関連したコミュニティに参加していくことを重視している点が特徴といえます。また，図1-3のプロセス図は，文部科学省が想定する螺旋図と完全に一致はしていないものの，類似点が多い

ことにも注目すべきでしょう。例えば，「課題の設定」は「概念化」と，「情報の収集」「整理・分析」は「調査」と，「まとめ・表現」は「議論」「結論」に類似しているといえます。

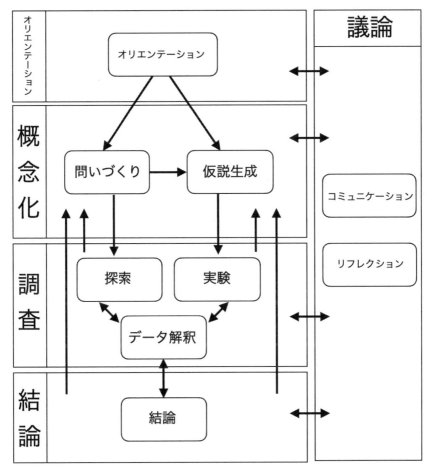

図1-3. 探究学習のフレームワーク（Pedaste ほか（2015）の図を筆者が翻訳し，作成）

以上の定義やモデルを踏まえ，本書では「探究学習」を「物事の本質を発見しようとする一連の学習活動」と定義します。また**図1-4**のように，本書では探究学習が「問いづくり」「調査・実験・開発」「発表・議論」の3つのフェーズから構成されるものと考え，螺旋的に続いていくモデルを想定します。

　1つ目の「問いづくり」は，日常生活や社会に目を向けたり，関心のあるトピックを知ることによって，すぐに答えが出ない問いや仮説を立てるフェーズです。基本的には自分で問いを立てることが望ましいですが，探究学習に慣れていなかったり，各教科の探究をさせたりする場合は，問いの範囲をある程度設定してあげることも有効です。

　2つ目の「調査・実験・開発」は，探究の問いに回答するにはどのような方法をとるのがよいのかを考え，実行するフェーズです。この方法については，おおよそ調査・実験・開発の3つに分かれます。ある状態を知ることで回答できる問いの場合は調査（アンケートやインタビューや文献調査など）が向いており，仮説的な問いの場合は実験が向いています。また，「〜を実現するにはどうしたらよいのか」といった問いの場合は開発（アプリ開発，グループワークの方法考案，ポスターデザインなど）が向いています。

　3つ目の「発表・議論」は，探究の途中経過や成果を他者に発表し，議論するフェーズです。多面的な意見をもらったり，批判的に議論したり，探究全体を振り返ったりすることが期待されるフェーズです。

　これら3つのフェーズは順に進むことが多いですが，各フェーズで往復することもありえます。特に「問いづくり」と「調査・実験・開発」のフェーズは往復することがよく起きます。また，一度目の探究学習で新しく生まれた問いをもとに，次の探究学習に繋げることが望ましい流れです。

　なお，探究学習は比較的長いカリキュラムが多いですが，「問いづくり」：「調査・実験・開発」：「発表・議論」をおおよそ2：6：2の割合で構成するのがおすすめです。本書では授業で導入しやすいよう，**表1-2**のように10時限程度から構成される単元を想定し，各フェーズに焦点を当てた授業

例を第３章〜第５章で紹介していきます。

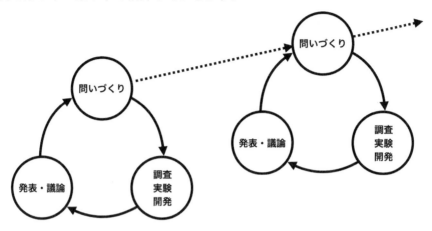

図1-4. 本書が想定する探究学習のモデル

時限	フェーズ	活動
1	問いづくり	問いづくり
2	問いづくり	問いの推敲
3	調査・実験・開発	調査／実験／開発方法の検討
4	調査・実験・開発	データ収集／開発の準備
5	調査・実験・開発	データ収集／開発
6	調査・実験・開発	データ収集／開発
7	調査・実験・開発	データ分析
8	調査・実験・開発	データ分析／まとめ
9	発表・議論	発表と議論
10	発表・議論	振り返り

表1-2. 本書で紹介する探究学習の基本的な単元構成例

③ EdTech とは

　この本を手に取られた方であれば，EdTech という言葉を耳にしたこと
はあるかと思います。Ed は Education を指しているのだろうということ
と，Tech は Technology を意味していることは容易に想像できますが，
実は「EdTech」という言葉は学術用語ではないため，使い手によって微妙
に意味が異なっています。ここでは，広義と狭義に分けて説明しましょう。

　広義の EdTech は，「Educational Technology」を略したものです。
コンピュータやインターネットをはじめとする情報通信技術（ICT）の教育
での活用を指して使われています。例えば，私が所属している日本教育工
学会の英語名は「Japan Society for Educational Technology」です。こ
の学会では1980年代のパーソナルコンピュータ，1990年代のインターネット，
2000年代のモバイルテクノロジー，2010年代のソーシャルメディア，2020年
代の AI（機械学習）など，様々な形でテクノロジーの教育利用に関して研
究がなされてきました。1980年代以前に発展した視聴覚教育や放送教育も，
デジタル化によってこの流れに統合されたと考えることができます。

　学校現場でも1980年代から始まった CAI（Computer Assisted
Instruction）：コンピュータを活用したドリル型の個別学習や，1990年代の
インターネットを活用した協調学習 CSCL（Computer Supported
Collaborative Learning）などが取り組まれてきました。GIGA スクール
構想が始まるはるか以前から，このような実践が積み重ねられてきたのです。

　2000年代から2010年代にかけて，インターネット技術やモバイル技術の普
及によって，ICT の位置付けは業務で利用するものから，すべての人々が日
常的に使うものに変化していきました。その結果，人々の生活や社会の仕組
みを最先端の ICT を用いて変えていこうとする動きが出てきます。このよう
な動きは，X-Tech と呼ばれ，FinTech（Finance × Technology：金
融）・MedTech（Medical × Technology：医療）・HRTech（Human

Resources × Technology：人材開発）など，様々なバリエーションが生まれました。狭義の EdTech はこの流れの中から出てきた，Education × Technology を EdTech と略したものになります。Educational Technology を「EdTech」と略する場合，教育現場のニーズにあわせてテクノロジーをデザインして使う事例が多いのですが，Education × Technology を「EdTech」と略する場合，新しい技術によって教育の過程をどう変革できるか，という点に重点が置かれる傾向があるように思います。これは先述したような言葉の出自の違いが影響しているのでしょう。

　狭義の EdTech のもう一つの特徴は，ベンチャー企業が大きな役割を果たしているという点です。他の X-Tech もそうなのですが，ほとんどの人が ICT を使うようになったことで，そこに市場が生まれることになりました。特にアメリカを中心にそこに参入するベンチャー企業が生まれ，様々なサービスを生み出していきます。

　例えば，筆者（山内）が東京大学で立ち上げに関わった MOOC（大規模公開オンライン講座：インターネットを通じて数万人の学習者が大学レベルの講義を学べる仕組み）では，Coursera という EdTech を代表するベンチャー企業が生まれました。Coursera を立ち上げたのはダフニー・コーラーとアンドリュー・ンというスタンフォード大学の教授でしたが，持続と発展の可能性を考えて，ソーシャルベンチャー企業として立ち上げました。現在では世界中で 1 億人を超える学習者，特に働きながら学ぶ社会人がスタンフォード大学や東京大学など世界のトップスクールの講義を学んでいますが，大学を越境してこのような仕組みを作ったところが EdTech らしいといえるでしょう。

図1-5. スタンフォード大学が Coursera に提供している AI に関するコース

　筆者（山内）が関わっている EdTech 企業の事例としてもう一つ紹介しておきたいと思います。スマートエデュケーションという日本の EdTech 企業は，KitS という幼稚園・保育園向けの ICT 教育指針と教材のセットを提供しています。このプログラムでは，創造力，チームワーク力，IT 活用力というこれからの社会に生きていくのに必要とされる21世紀型スキルの核になる能力を意識しながら，専用に開発されたアプリケーションをタブレッ

トで楽しく遊びながら学ぶことができるようになっています。例えば、「らくがキッズ」というお絵かきソフトでは、テンプレートにかかれたシンプルな図案から想像をふくらませながら自分なりの作品をしあげ、友だちに発表していきます。他にも、屋外で撮ってきた写真の色を使ってステンドグラスを作る「とりえ」や、収集してきた音を使ってサウンドスケープを作る「おとねんど」のように、アプリケーションを基盤としたユニークな活動ができるようになっています。

図1-6. タブレットで描いた作品を発表する子どもたち

　GIGA スクール構想が進み、小中学校では一人一台端末が標準になりましたが、幼稚園や保育園などの幼児教育では ICT の導入は進んでいません。家庭で親の持つスマートフォンやタブレットに早い段階から触れている現状を考えると、これらのデバイスが動画やゲームなどのエンターテイメントだけでなく、学びや協働的活動に役に立つという実感を早い時期に持つことは、重要な意味を持っていると思います。このような環境をパッケージとして提供して園の負荷をあげずに環境を構築したところが、EdTech らしいとこ

ろといえるでしょう。

　文部科学省の「新たな時代に対応するための EdTech を活用した教育改革推進プロジェクトチーム」の報告では，EdTech を「教育における AI，ビッグデータ等の様々な新しいテクノロジーを活用したあらゆる取組」と整理しています。この整理は狭義の EdTech の中でも特に AI とビッグデータをとりあげているところにポイントがあります。GIGA スクール構想で一人一台の端末による実践が進めば，クラウド上に学習履歴に関するデータが集積されます。そのような大量のデータを AI に学習させることによって，個人に対応したフィードバックが可能になり，より効果的な学習につなげることが可能になります。

　もちろんこのような大量のデータを取り扱うためには学習に関する個人情報に関して明確なガイドラインを作り運用できる体制と，集まったデータを学習につなげていくための技術的な仕組みが必要になります。現状は双方とも作業が始まったばかりということもあり，このような時代がくるのはまだ先になるでしょう。

　このような流れを受けて本書においては，EdTech を「教育を改善するために利用できる新しいテクノロジー」とやや広めに定義した上で，特に最近注目されている AI や VR などを中心に実践事例をとりあげて紹介していきたいと思います。ただし，実際には最先端のテクノロジーだけでよい教育が実現できるわけではありません。例えばクラウドベースのアプリケーションソフトウェアは完全に普及した技術ですが，身近であり活用の自由度やレパートリーも広いため，大きな可能性を持っています。本書では，新しいテクノロジーを幅広にとらえた上で，実際に現場に役立つ EdTech のあり方について提案していきたいと考えています。

EdTech や AI の
技術的な概説

澄川　靖信

1 EdTech を支える技術の解説

　本章では EdTech で利用されている技術について解説します。**図2-1**に示すように，EdTech では AI と可視化という２種類の技術が利用されています。この AI は，学習内容を自動的に解析し，学習活動をサポートする検索や分類を行うものです。もう１つの可視化は，グラフ・動画・写真などのメディアを利用して学習内容を見せることで理解を助けるものです。まず，本節で簡単にそれぞれの技術について説明します。

　前者の技術はいわゆる人工知能（artificial intelligence）や機械学習と呼ばれる技術です。以降ではこれらの技術のことを簡単に AI と呼びます。学習をサポートする AI は色々ありますが，本書では AI の原理を直感的にわかりやすく解説するために，文章を主な解析対象とする AI に限定して説明します。文章の解析方法も，それらの文章にはどのような単語が多く使われているのか，どのような単語の組み合わせが多くあるのか，という数を数える方法を中心に扱います。

図 2-1.「AI」と「可視化」による学習の支援

「数を数える方法だけでAIを説明できるの？」と思うかもしれませんが，実はこの方法がとても有効になります。AIの技術が使われている検索エンジンでも，数を数える方法を使って，ある単語に関連したページを提示しています。ここでは，「お年玉」を例にして，検索エンジンの簡単な仕組みを見てみましょう。

まず，「お年玉」と一緒に使われそうな単語を想像してください。すると，例えば「凧揚げ」や「餅つき」が挙げられるでしょう。さらに，これらの単語の組み合わせを多く含むニュースやブログがいつ発行されるのかを考えると，年末年始であると推測できます。つまり，これらの組み合わせは「年末年始」という話題を構成しているといえます。この話題を構成している単語の組み合わせには，上記の他にもひらがなの「たこ揚げ」もありえます。

このことから，「餅つき」「お年玉」という一緒に使われる単語が同じなら，「たこ揚げ」と「凧揚げ」は同じ意味としてもよいと考えられます。このような表現のゆらぎを解析できると，「餅つき」と「たこ揚げ」という2つの単語をGoogleやYahoo!などの検索エンジンに入力しても，「凧揚げ」という実際には入力していない単語も含むニュースやブログまで検索できます。

このように，AIが「凧揚げ」と「たこ揚げ」は同じ意味であることを認識できるようにするとき，単語やその組み合わせの出現回数を数えることは有効な方法となります。

他の例としてニュースの分類を見ましょう。**図2-2**に示すように，あらかじめ「年末年始」「経済」「政治」「スポーツ」といったニュースを分類するためのカテゴリがあるとします。これらのカテゴリではどのような単語が使われているのかを調べると，「お年玉」は「年末年始」カテゴリのニュースではよく使われますが，その他の3カテゴリではあまり使われません。一方，「条約」や「選挙権」といった単語は，「年末年始」よりも「経済」や「政治」カテゴリの方が多く使われるでしょう。このようなカテゴリごとの頻出単語の組み合わせがわかると，ニュースを自動で分類することができます。

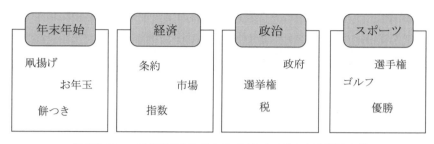

図 2-2. ニュース分類のためのカテゴリとよく使われる単語の例

　なお，上記では簡単に単語の使用回数を数える例を挙げましたが，これで AI のすべてを説明できるわけではありません。「お年玉」という単語を見つけたら，すぐにそのニュースを「年末年始」カテゴリに分類する，といったルールを使う方法や，高度な数学やアルゴリズムを駆使しているものも多くあります。

　本書では，このようなルールベース型や高度な数学・アルゴリズムにはあまり踏み込みませんが，数を数える方法がその基礎となることがわかるように，第２章２節で様々な AI の技術を解説します。具体的には，上記の例で取り上げた，ニュースの自動分類と表現のゆらぎを解析する方法を含む，「教師あり学習」「教師なし学習」と呼ばれる AI の基礎を最初に解説します。その後，これらを応用した「検索エンジン」と「生成 AI」という，社会で広く使われている技術について解説します。

　EdTech で利用されている技術として紹介した「可視化」は「見える化」と呼ばれることもあります。広く知られている可視化技術は Excel のグラフや Google Earth，Minecraft などでしょうか。これらも，数値や地理・建築などを一目でわかるように支援してくれるので，広義的には EdTech に含まれます。可視化技術について，本書では，拡張現実（augmented reality，以降 AR と呼びます）と仮想現実（virtual reality，以降 VR と呼びます）を中心に解説します。AR は，本当は目の前にないものをあたかもそこにあるかのように，スマートフォンやパソコンの画面に描

画する技術です。この技術は，モンスターを表示するゲームや水害や歴史を学ぶためのシミュレーション教材などで使われています。一方の VR は，目の前に現実とは異なる空間があるかのように見せる技術です。AR では画面の外に実際の現実が見えますが，VR では実際の現実は見せず，仮想的に構築した空間に自分がいるかのように感じられるよう画像を見せます。

　AR も VR も学習内容を描画できるので，文字や数式よりも，視覚情報によって直感的にわからせたいときに有効です。VR の仕組みを説明するためには，画像を立体的に見せる方法を説明しなければなりません。そのため，第2章3節の最初に立体表示の仕組みについて説明します。その後に AR と VR の利用方法や種類について説明し，それらを発展させた複合現実（mixed reality，以降 MR と呼びます）とメタバースについても説明します。

　本章の以降の構成をまとめると以下のようになります。

2　AI を構成している技術
　①　教師あり学習
　②　教師なし学習
　③　検索エンジン
　④　生成 AI

3　可視化技術
　①　立体表示
　②　AR
　③　VR
　④　MR・メタバース

4　第2章のまとめ

---

2 AIを構成している技術

　本節では，「教師あり学習」「教師なし学習」「検索エンジン」「生成AI」の4つの技術を解説します。これらは，解析対象の文章をデータベースに記録する点は共通していますが，どのようなデータを記録するか，どのようにデータを解析するのか，結果とする内容をどう選ぶか，の3点が異なります。

① 教師あり学習

　本項では教師あり学習について説明します。教師あり学習にも，次項で説明する教師なし学習にも「教師」という単語があります。この「教師」とは人間のことではなく，AIに正解を示しているデータのことです。教師あり学習はこの正解となるデータを使いますが，教師なし学習では使いません。以降では正解が付いているデータのことを教師データと呼びます。第2章1節では，ニュースを4つのカテゴリに分類する例を示しましたが，分類における教師データでは，このカテゴリが正解になります。

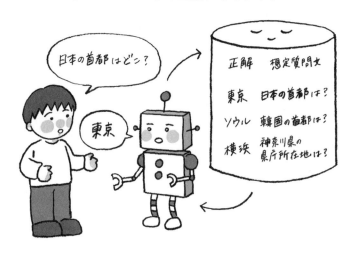

図2-3. 教師あり学習でデータベースから適切な情報を1つ選ぶ様子

Ⅰ．教師あり学習の例

　教師あり学習の技術は様々なアプリケーションで使われていますが，ここではチャットボットを取り上げます。チャットボットとは，あたかも人間のように会話するAIのことです。チャット（chat）は会話を意味し，ボット（bot）はロボットの略語です。ロボットとありますが，AIの技術を使ったソフトウェアのことです。

　チャットボットはQ&Aを自動で行うことを目的に，既に多くの教育現場・企業・市区町村などで導入されています。例えば，英語のスピーキングの練習相手になってくれるものや，資料の入手方法を教えてくれるものは，実際にサービスとして提供されています。

　図2-3は，チャットボットが利用者の質問に回答するまでの手順と実現方法を説明しています。チャットボットが適切に会話をするためには，あらかじめ会話を想定した質問文をデータベースに記録します。例えば，「日本の首都は？」と質問されたら「東京」と答えられるように，この想定質問文と正解の組み合わせを教師データとして記録します。他の似たような質問にも答えられるよう，「韓国の首都は？」と「ソウル」，「神奈川県の県庁所在地は？」と「横浜」，の2組も教師データとして記録します。

　次に，利用者の質問文「日本の首都はどこ？」を解析して，データベースにある想定質問文の中から，最も似ているものを探します。ここでは，「2つの文章で同じ名詞が多く使われているほど似ている」という仮定を置き，同じ名詞の数から求めた割合を利用して，最も似ているものを探します。

　利用者の質問文にある名詞に注目すると，「日本」と「首都」があります。データベースの想定質問文に注目すると，「日本の首都は？」には「日本」と「首都」，「韓国の首都は？」には「韓国」と「首都」，「神奈川県の県庁所在地は？」には「神奈川県」と「県庁所在地」，がそれぞれ含まれています。これを踏まえて，それぞれの想定質問文と利用者からの実際の質問文の両方にある同じ名詞の割合を計算します。

　1つ目の想定質問文の名詞は完全に一致しているので，割合は100%にな

ります。２つ目の想定質問文に注目すると，２つの質問文には「日本」「首都」「韓国」の３種類の名詞が使われているのに対し，両方にあるものは「首都」の１つのみです。３つのうち１つなので，割合を計算すると33％になります。３つ目の想定質問文は同じ名詞がないので，割合は０％です。これらの結果から，割合が最も高い１つ目の想定質問文が最も似ているとみなせます。そこでAIは，質問の答えとして「東京」を利用者に示します。

　上記の例では，文章同士の類似度として，２つの文章の両方にある名詞の種類だけに注目しました。しかし，ニュース記事のような長文の場合，単語ごとの使用回数も考慮したいことがあります。そこで，使用回数に注目した類似度の測定方法も見てみましょう。

　ここでは簡単に，データベースにある「日本」「韓国」の２つの名詞に注目します。利用者の文章「日本の首都はどこ？」を解析すると，注目している２つの名詞の使用回数はそれぞれ，１回と０回になります。以降では，これらの数を（１，０）と，カッコでまとめて書きます。データベースにある３つの想定質問文でもそれぞれ同じように使用回数を数えると，１つ目の「日本の首都は？」は「日本」だけあるので（１，０），２つ目の「韓国の首都は？」は「韓国」だけあるので（０，１），３つ目の「神奈川県の県庁所在地は？」は「日本」も「韓国」もないので（０，０）になります。

　ここで，このカッコでまとめた使用回数の組み合わせは，それぞれの数字を数学のｘ軸，ｙ軸の数値に対応させると，座標空間上の点とみなすことができ，中学校の数学で習う２点間の距離を計算できるようになります。利用者の質問文から作成した（１，０）との距離を求めると，１つ目の想定質問文との距離は０，２つ目との距離は$\sqrt{2}$，３つ目との距離も$\sqrt{2}$になります。

　距離が短いほど互いに近くにあることを意味するので，この値が小さいほど想定質問は類似すると考えます。この距離を使った計算結果からも，１つ目の想定質問が最も利用者の質問文に似ていることがわかります。

Ⅱ．教師データ量の重要性

　教師あり学習では教師データの量が重要になります。上記の例で見たように，名詞に注目した類似度の測定方法では，動詞や副詞といった単語は無視しますので，文章の表現を少しだけ変えたとしても AI には気付いてもらえないことがあります。また，距離を求める方法では，2つ目の想定質問の方が3つ目のものよりも実際の質問に似ているように見えますが，利用者の質問とこれら2つとの距離はどちらも√2と同じ値です。このような事態に陥らず，より正確に類似度を求めるためには，様々な名詞を多く使う，大事な単語を繰り返す，などの変更をした文章を多く用意することが重要になります。

　教師データの量が重要であることには，他にも理由があります。ニュース分類の例に戻りましょう。先の例では「年末年始」カテゴリのニュースでは「お年玉」が多く使われると説明しました。ところで「駅伝」を含むニュースはどのカテゴリに分類するのが正しいのでしょうか。おそらく，最初に思いつくのは「スポーツ」カテゴリでしょうか。しかし，箱根駅伝は年始に開催されているため，「年末年始」カテゴリでも良いかもしれません。

　もし箱根駅伝に関するニュースが「年末年始」カテゴリに99本あり，「スポーツ」カテゴリには1本しかないとします。このデータベースを利用したAI が他の箱根駅伝のニュースを「スポーツ」と「年末年始」のどちらか片方に分類するとき，その分類先はどちらになるでしょうか。この例では，同じ内容のものが「年末年始」カテゴリに100本中99本もあるので，AI は箱根駅伝のニュースを99% の確率で「年末年始」に分類するでしょう。このとき，もしニュースの本文に「中継」「優勝」といった他の駅伝でもよく使われる単語が多く含まれていたら，他の駅伝のニュースも「年末年始」に誤分類される可能性があります。

　以上のことからもわかるように，適切に分類を行うためには，適切な教師データをたくさん用意する必要があります。

② 教師なし学習

図2-4. 教師なし学習でデータベースから適切な情報を選ぶ様子

　本項では教師なし学習について説明します。教師なし学習はデータベースに答えとなるデータを記録しないため，「お年玉」は「凧揚げ」と一緒に使われることが多い，年末年始の話題ではどのような単語がどれ程使われるか，といった傾向を分析するときによく使われます。

Ⅰ．教師なし学習の例
　図2-4は教師なし学習の技術を利用する例を示します。この例では，「日本のしゅとはどこ？」という質問文の「しゅと」に注目して解析する様子を示しています。日本語を勉強した人であれば「しゅと」は「首都」をひらがなで書いたものだと理解できます。一方，未だ日本語を勉強したことのない外国人や漢字を勉強していない子どもと同じように，AIにいきなりこの単語を見せても「しゅと」＝「首都」と変換できません。
　AIがこの変換を行うため方法の１つとして，「周囲にある他の単語が似ている単語はその意味も似ている」という仮定を置き，周囲にある単語の出現

回数を数えるものがあります。漢字の読み方を解説している記事なら，漢字とそのひらがなが必ず近くにあるので，そのような記事を多くデータベースに記録すると，先ほどの変換ができます。また，この方法を使うと，漢字変換以外にも，「首都」＝「国の中心地」といった，字面が違う同じ意味の単語を明らかにできます。なお，データベースに「しゅと」＝「首都」と変換するルールを記録してもよいのですが，この方法では，あらゆる漢字に対応できるルールをきちんとデータベースに登録しなければなりません。教師なし学習は，一緒に使われる傾向を解析しているので，このルールを登録することなく，既に見た「首都」＝「国の中心地」といった，意味が等しい単語を発見できるメリットがあります。また，この周囲にある同じ単語の数の組も座標空間上の点とみなすと，「王」－「男」＋「女」＝「女王」という単語の意味を変換する演算の基礎となることがわかっています。一方，誤った傾向を学習してしまうこと，変換が常に正しいとは限らないことがデメリットです。

　上記の例の他にも，教師なし学習は，似ているデータを同じグループにまとめるときにも有効です。例えば，教室の子ども達に対して，点数や発言数といった指標を用いてグループを作ることができます。この方法でも，その数の組を座標空間上の点とみて，互いに近くにあるものをグループとします。

Ⅱ．教師なし学習が優れている点

　教師なし学習の優れている点は，正解を用意しなくてよいことです。教師あり学習では，品質の高い教師データが大量に必要になりますが，これは時に数千，数万では足りず，数億もの教師データが必要になることもあります。教師データの作成を人手で行うなら，長い時間をかけて取り組まなければならず，作成した教師データに間違いが含まれていないかの検証も必要になります。もし解析できるデータが膨大にあるなら，教師なし学習の技術を使ってデータを複数のグループに分割し，グループごとに「年末年始」等の付与したカテゴリの名前を教師データとして使うことができます。

③　検索エンジン

図2-5. 検索エンジンがデータベースから複数の結果を出力する様子

　検索エンジンとは，例えば，AI とは何かを調べたいときにインターネットから AI の解説をしている Web ページを探す，をできるようにする技術のことです。日本では Google や Yahoo! などのブラウザから検索エンジンを使用している人が多いでしょうか。これらの検索エンジンはインターネットをデータベースとみなしていますが，それ以外にも，図書館に所蔵されている本の種類や場所を検索する，個人が管理しているブログの中だけで検索する，といった検索エンジンもあります。

Ⅰ．検索エンジンの例
　図2-5は検索エンジンがデータベースから情報を探している仕組みを表しています。まず，利用者が何を調べたいのかを理解するために，質問文にはどのような単語があるのかを解析します。この解析結果を使い，データベースにある情報との類似度を計算し，上位のものを結果とします。質問文の解

析とデータベースの情報との類似度の計算方法は，既に教師あり学習の例で見たものをそのまま使うことができます。教師あり学習の例では最も似ているものを1つだけ選んでいましたが，検索エンジンの場合には上位10件など，ランキング形式で複数の結果を表示します。

Ⅱ．検索エンジンで使われている AI の仕組み

　現在の検索エンジンは，データベースから効率よく情報を検索するために，多くの AI 技術が組み込まれています。その1つとして，利用者が調べたいことを推定するものがあります。例えば，先ほど挙げた「AI」という単語の場合，本書を読まれている方の多くは，この「AI」を「人工知能」と想定したかもしれません。しかし，音楽が好きな人なら歌手の AI さんについて調べようとしているかもしれません。同様に，図2-5の「アマゾン」の単語の場合でも，アメリカの企業のことを想定した人もいれば，南米にある世界最大規模の河川のことを想定した人もいるでしょう。このように，検索エンジンに入力する文字は短いことが多いのですが，その意味は人や状況によって異なることがよくあります。そこで，その意味を推定するために様々な AI の技術が使われています。その方法の1つとして，利用者の検索履歴を使うものがあります。例えば，過去に「AI」と入力した後に「音楽」や「歌詞」という単語が追加されていた履歴があれば，後日，再度「AI」と入力したときには音楽関係のものを結果に含められます。

　他の方法としては，検索結果の成否を推定するものがあります。この方法では，「利用者は望んでいない結果であれば内容を読まずにすぐ違う記事を読み，適切な結果であればきちんと読むので滞在時間が長くなる」と仮定します。検索結果の Web ページがクリックされる度に閲覧時間を測定し，その閲覧時間が30秒などの事前に設定した時間以上であればその結果は適切，短ければその結果は不適切とみなします。この適切とした結果を利用すると，利用者ごとの単語の意味を Web ページと関連付けられます。

　適切な結果を出すために，集合知を利用する方法もあります。例えば，多

くの人が重要だと考えているものを優先することがあります。この Web ペ
ージの重要度を測る方法として，他のサイトからのリンク数を使う方法があ
ります。多くの Web ページからリンクされている Web ページは多くの人
が重要だと認識していると仮定しているわけです。

　簡単に検索エンジンの歴史を振り返ると，Yahoo! 検索の初期のように，
以前は情報を手動でデータベースに記録していました。人が手作業で情報を
管理すると，検索結果に信頼性がある，Web ページのカテゴリがまとまっ
ている，というよい点がありました。しかし，携帯電話からインターネット
にアクセスできるようになり，誰でも気軽にインターネット上で情報発信が
できるようになると，日々，膨大な量の情報が発信され，データベースに手
動で記録することが困難になりました。

　これらの中から適切な情報をすぐに探すために，現在はインターネットか
らの情報収集と解析を自動で行うのが一般的です。また，本書の例として使
用した文章どうしの類似度を測る方法は，質問文とデータベースの文章の両
方にある単語を数えるものです。この方法を使うにしても，何も工夫をせず
にデータベースを構築すると，検索するたびに1つ1つの記事に対してこの
類似度の解析が必要になるので解析時間が長くなります。

　インターネットから短時間で高い精度の検索結果を出すために，現在よく
使われている仕組みについて簡単に説明します。基本的な考え方は，あらか
じめインターネットにある Web ページを集め，その内容を解析した結果を
データベースに記録し，検索エンジンが使われたときにこのデータベースか
ら適切な情報を探す，という3つの処理を行います。これらは，それぞれ，
クローラ，インデクサ，サーチャーと呼ばれるソフトウェアが自動的に行い
ます。

　クローラは，Web ページを1つずつ解析し，どのようなページが存在す
るのかを明らかにするソフトウェアのことです。人間がネットサーフィンを
しているのと同じ要領で新しい Web ページを見つけます。既に Web ペー
ジには他のページへのリンクがあると上述していますが，クローラはこのリ

ンクを見つける度に，新しく収集する Web ページを発見します。この仕組みのおかげで，新しい Web ページを作成したとき，同じサイトの他のページをクローラが既に解析しているなら，新しいページも時間が経てばクローラに見つけてもらえます。しかし，まだクローラが解析できるページが同じサイトに無いなら，クローラがその新しいページを見つけることはできません。そのような場合は，他のサイトからリンクされるまで待つか，検索エンジンを開発している会社にその Web ページを通知する，という方法でクローラの対象となることができます。

　インデクサは，データベースに記録する Web ページの索引を作ります。インデクサの英単語は indexer になり，index を日本語訳すると索引になります。利用者が欲しいと思っている情報を素早く検索できるように，ページの文章を解析し，どのような単語が使われているのかを明らかにします。この結果と URL をデータベースに記録すると，利用者の要求にあったページをすぐに表示できます。ここで，単にページを表示するだけではなく，利用者が満足する結果を出すことが重要になるので，各ページの品質を解析した結果も併せて記録します。例えば，十分な量の文章があるか，読みやすい構造であるか，といったページの品質を測定することもあります。他にも，他のページからどれだけリンクされているか，そのサイトの更新頻度はどれほどか，などの重要度や有益さを解析することもあります。このような品質や重要度を表すスコアも URL と一緒に記録します。

　最後のサーチャーは，インデクサが作成したデータベースの中から利用者が満足しそうなページをランキング形式で表示します。

　上記の説明では日本語や英語といった自然言語を前提としていましたが，現在では，画像や動画などの様々な種類のメディアについても調べることができます。画像を検索エンジンにアップロードすると，その画像の名前，似た他の画像，出典，などを検索できます。このような検索ができるのは，画像を使用している Web ページを収集・解析するときに，画像の見出しや説明文を見つけ，画像とその説明文をデータベースに記録しているからです。

④　生成 AI

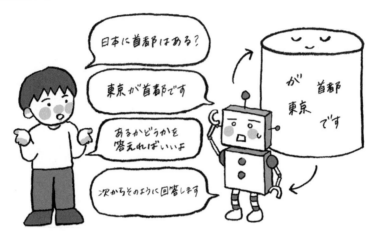

図2-6. 生成 AI が会話の文脈を覚えて適切な文を返す様子

　生成 AI とは，出力結果を自動で生成する AI のことです。これまで紹介してきた AI は，データベースにある情報の中から適切なものを選び，それを出力する技術でした。生成 AI は膨大な量の文章を解析して学習した単語を，自然な文章となるように組み合わせる，日本語から英語や他言語へ翻訳する，といった様々なことを同じソフトウェアで行うことができます。

Ⅰ. 生成 AI の例

　図2-6は生成 AI の会話例を示したものです。このような生成 AI は膨大な量のテキストを解析した結果，「日本に首都はある？」という質問に対して，「東京が首都です」のように，自然な会話となるように文章を自動的に作ります。また，もし利用者が日本の首都が東京であることに興味がなく，有無について知りたいと苦情を出したとします。この苦情に対して生成 AI は自分の回答内容が不適切だったことを会話の文脈から解析し，この利用者には，今後，単に首都の有無を回答するように調整します。

Ⅱ．生成 AI の背景と仕組み

　生成 AI が普及する前から，チャットボットが文脈を考慮して文章を生成できるようにするための技術はたくさん提案されていました。しかし，チャットボットの例として見た図2-3のデータベースを使用しても，日本語の文章しかないので翻訳はできません。生成 AI は会話として成立する文章を生成するだけでなく，文章要約や翻訳といった様々なタスクを高精度で行え，誰でも無料で簡単に使うことができることに大きなインパクトがありました。

　簡単に生成 AI の仕組みについて解説します。まず，教師なし学習で使える，正解が不要なデータを大量に集めてデータベースに記録します。個人情報を除外した後，データを自動的に加工し，ある文章に続く単語を予測します。この予測を行うことで，教師なし学習で説明したのと同様に，単語の意味を解析できるだけでなく，単語の並びを文法として捉えられることができます。この獲得した知識を応用できるように，自然な会話となる文章生成，他言語への翻訳，などの目的に即した教師データを使用して，教師あり学習を行います。

Ⅲ．単語予測と会話文脈の学習例

　単語を予測する手順について簡単に説明します。例えば，データベースの中に「日本の首都は東京です」という文章があったとしましょう。この文章から「日本」「の」「首都」「は」の４単語を取り出し，この後に続く単語は何かを予測します。予測で使う単語は元の文章にある「東京」の他に，「横浜」「京都」「北海道」といった単語をデータベースからランダムに選びます。

　「日本」から「は」までの４単語に続く単語として正しいものを学習できるように，まずはこの４単語から組み合わせを求めます。**図2-7**はこの組み合わせを簡単に図解したものです。左側にある白丸は「日本」「の」「首都」「は」をそれぞれ表しています。この中から「日本」と「の」の組み合わせを黒丸で表現しています。さらに，この２単語の組み合わせに「首都」を追加したものを枠が太い白丸で表現しています。他にもグラデーションで色付

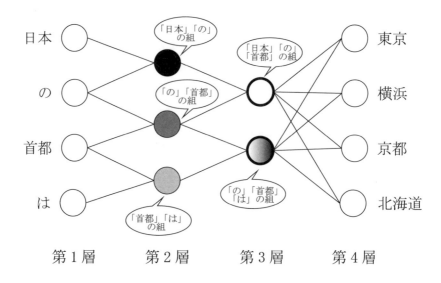

図2-7. 単語の組み合わせを自動で作り，教師あり学習をしている様子

けした丸，灰色の丸，太枠で灰色の丸がありますが，吹き出しで示したように「の」「首都」「は」の3単語の組み合わせ方法をそれぞれ表しています。

　ここでは，単語の組み合わせ数に応じた丸の集まりを区別するために，縦方向にある丸の集まりを層と呼びます。例えば，画面左側にある1単語しか考慮していない丸の集まりを第1層，その右隣にある2つの単語の組み合わせを表す丸の集まりは第2層と呼びます。第3層も同様ですが，最後の第4層だけは，結果のみを含むことにします。なお，図2-7で示した丸と線で表した図は，ニューラルネットワークと呼ばれるものを表しています。最初と最後の層を含めて，5層以上あるニューラルネットワークを使う場合，その学習方法は深層学習と呼ばれています。

　第4層の丸と第3層の丸をそれぞれ線で結ぶと，どの組み合わせが正解なのかを明示できます。なお，この図は直感的なイメージを優先しているので，層の数字が増えるほど，適切な単語の組み合わせを選んでいますが，「日本」と「首都」の組み合わせのような，通常は様々なパターンを確認します。他

にも，「の」という単語よりも「日本」という単語の方が重要度を上げる，といった組み合わせも考慮します。

　このような解析を網羅的に行うために，すべての丸を数字で表現します。第1層の丸はすべて「1」という数字で表します。第2層から最後の層までは，それぞれ，1つ前の層の数字を重みづけて求めます。例えば，第2層の黒丸では，「日本」と「の」の2つを比べると，「日本」の方が重要な単語なので，「日本」の重みを0.8，「の」の重みを0.1というように設定します。このように重みを決めれば，あとは1つ前の層の丸の値に対して掛け算と足し算を行い，第2層以降の丸の値を決めます。先ほど，第1層の丸の値はすべて1としたので，この値を使って第2層の黒丸の値を求めると，1×0.8と1×0.1を足した結果の0.9となります。

　最後の層は，上記の計算に加えて，正解を表すものを「1」，不正解のものを「0」という数字も付与します。これによって，上記の計算結果との差分を求められ，重みとして設定した値の妥当性を調べることができます。もし正解となるはずの組み合わせの差分が大きい場合，重みを修正して，もう一度，すべての丸の値を更新します。

　上記の方法は，事前学習と呼ばれています。事前学習を終えた後，会話として成立するための文章を生成することを行います。これは，あらかじめ用意した教師データを使い，実際の会話である2つの文章をまたいで，どのような単語の組み合わせがあるのかを解析し，その結果を利用します。

　この学習を終えた後，利用者からのフィードバックを適宜教師データとして更なる調整を行います。これは，図2-6では利用者が「あるかどうかを答えればいいよ」と返事をしていますが，これは「東京が首都です」の回答方法として不適切であることを教師データとして使うことに対応します。

　第２章１節で簡単に解説したように，学習内容を直感的にわからせたいときに AR や VR が有効になることがあります。これら２つの技術に似たものとして写真や画像を立体的に見せる技術があります。ここでは立体的に見せる方法を立体表示と呼び，本節の基礎として簡単に説明します。以降では写真や画像と言わず，簡単に画像とだけ書きます。

① 立体表示

　立体表示を行うための方法はたくさんあります。例えば，影や線を追加して奥行を表現する方法や，錯視を利用するものがあります。本書では，特にVR との関わりがある，両目の間に距離があることを利用した立体視について解説します。人間の両目の間には距離があるので，１つの物を見ていても，左右それぞれの目に入る像は少しずれたものになります。この少しの違いがある２つの像をぴったりと重なるように脳が処理すると，立体的な像として認識できます。この左右で見える像の違いは視差とよばれています。この視差を利用するために，少しだけずらした２枚の画像を見せることでも，平面的に書かれている画像を立体的に見せることができます。

Ⅰ．立体表示の例

　視差を利用して立体視を実現する基本的な方法について解説します。２つの並んでいる画像が重なることが立体視を行うためには重要になりますが，その重なる点は，**図2-8**に示すように２箇所あります。１つは画像の手前，もう１つは画像の奥になります。重なる点を手前にするためには，左の画像を右目で，右の画像を左目で見ます。重なる点を奥にするためには，左の画像は左目で，右の画像は右目で見ます。画像から左右の目それぞれに向けて線を結ぶと，２つの線が途中で交わるかどうかの違いがあり，それぞれ，交

図2-8. 立体視を行う原理

差法, 平行法とよばれています。

Ⅱ. ディスプレイでの立体表示

　上記の立体視を行うためには, 交差法や平行法を修得しなければなりません。テレビや映画といったディスプレイを利用する媒体では, 誰でも同じ3D画像を見られるよう工夫されています。その方法として, 視聴者が専用のメガネを使用するもの, ディスプレイが様々な技術を使用するものがあります。

　メガネの技術に注目すると, 例えば赤青メガネという, 左右のレンズをそれぞれ赤か青のどちらかで着色したものがあります。赤と青を着色した2枚の画像を用意した後, それらを1枚の画像となるように合成した画像を赤青メガネで見ると, 同色の像は見えなくなるので, 1枚の画像から左右それぞれの専用画像を見せられます。メガネが不要な方法では, 単純に左右それぞれの専用画像を高速に切り替えて出力するもの, ディスプレイから放たれる光の性質を利用して左右の画像を重ね合わせる方法があります。

② AR

図2-9. AR によって学習対象を可視化している様子

　AR の日本語名は「拡張現実」になります。スマートフォンやパソコン等のディスプレイに，実際には存在しない画像や CG キャラクターといったデジタル情報を，そこに存在しているかのように現実を「拡張」する技術です。

Ⅰ．AR の例

　図2-9に AR を使用した例を示します。この図の左側は，博物館の特定の場所に恐竜を見せる状況を示しています。AR を使わずに恐竜の写真を見ても，特定の側面しか見られず，様々な側面を見せるためには複数の写真を組み合わせる必要があります。AR を使うと，実際の模型が無くても，360度好きな箇所から恐竜を観察できるようになります。また，AR で描画する恐竜は模型ではないので，アプリケーションの中で恐竜を動かすことや，複数の恐竜を表示するために必要な空間も抑えられる，というメリットがあります。図2-9の右側は数式を入力してグラフを描画している様子を示しています。AR で数式をグラフとして描画できるの？と思うかもしれませんが，AR で描画するキャラクターなどの物体は直線と曲線を組み合わせて作るこ

とができるので，数学で学習するような曲線を描画することができます。実際，ARアプリを作るためのツールを使い，関数を組み合わせてキャラクターや絵を描く活動が行われています。

Ⅱ．ARの種類

　ARには，ロケーションベースARとビジョンベースARの2種類があります。ロケーションベースARはスマートフォンなどから取得した位置情報を使用します。例えば，災害時に注意が必要な街中の箇所を知らせる，といった使い方が考えられます。このARは，GPSが取得する位置情報に多少の誤差が存在しても問題ない状況で，電波が届く箇所で使用できます。ビジョンベースARはカメラが認識した情報を使用しますが，ARを呼び出す専用のマーカーを使用するかどうかで，2種類に細分化できます。マーカーを使用するマーカー型は，カメラがマーカーを認識すると動作します。マーカーを使用しないマーカーレス型は，現実の建物や風景から，事前に用意したパターンを認識すると動作します。

　マーカー型ARは，先述した博物館の例のように，特定の場所に，決まったデジタル情報を正確に表示させたいときに使用します。マーカーは黒い枠線で囲んだ正方形のもので，枠内の模様によってARがパターンを区別します。マーカーと対応するデジタル情報を事前に準備する必要がありますが，一度作れば，後はマーカーを紙に印刷するだけで使用できます。

　マーカーレス型は，カメラで撮影している空間にある壁や机などから点を最初に見つけ，それらを線で結び，事前に登録している形状を認識できたらデジタル情報を表示します。マーカーレス型ARの例として，AR利用者の顔や体を登録し，画面に表示したサッカーボールとの衝突判定をしてヘディングをしているように見せるものがあります。マーカーレス型はマーカー型よりも高度な画像処理が必要になるので，表示可能な背景に制限があることや，高性能なスマートフォンやパソコンが必要なこともあります。

③ VR

図2-10. VR によって個々人が別々の学習テーマを見ている様子

　VR は virtual reality の略称で，２つの英単語の日本語訳を結合して「仮想現実」と呼ばれることもあります。VR は，現実世界とは異なる世界があたかも目の前に広がっているかのように見せることで，利用者がその世界に入り込んでいるかのように感じられる技術です。この感覚は没入感とよばれます。没入感を高められるよう，仮想空間を表示するために VR ゴーグルという専用のデバイスを利用することが一般的です。

Ⅰ．VR の例
　図2-10は VR の世界に入り込んでいる学習者の様子を表しています。左側の人は産業革命が起きた当時のイギリスの状況を見ています。一方，右側の人は地球・月・太陽の違いを観察するために宇宙を漂っているような世界を見ています。なお，もし２人が同じ内容を見ていたとしても，それらはコピーされた映像なので片方の動作が，もう一方の内容には反映されません。
　このように，VR が表示するのは仮想現実なので，物理的に観察すること

が不可能な過去の出来事を見ること，実際に訪ねるのが難しい場所にいるかのように見せること，実際に触ることが難しい生物や機械をあたかも触れているかのように操作・解剖・分解してみること，過去に起きた自然災害を体験してみる安全教育，といった様々な学習を体験することができます。

Ⅱ．VR の実現方法

　VR で表示する世界は没入感が重要になるので，第2章3節1項で説明した立体表示の技術を用いて，あらゆるデジタル情報を立体的に見せています。また，VR ゴーグルには，ディスプレイで表示する世界を自分の動きに合わせて変えられるように，アイトラッキングという技術を使用しているものがあります。アイ（eye）は目，トラッキング（tracking）は追跡を意味しますが，その名の通り，ゴーグルを着けている人がどこを見ているのかを解析する技術です。この見ている場所を解析することで，ディスプレイが表示する内容を回転させ，CG キャラクターなどを色々な角度から見ているかのように感じさせられます。なお，スマートフォンを VR ゴーグルとして利用できるような開発も行われています。この場合，ジャイロセンサで測定した角速度を使用して表示内容を変えます。

　VR ゴーグルは，仮想現実を表示するディスプレイを搭載しているため，テレビや映画と比べてディスプレイと目の間の距離が狭くなり，目にかかる負荷が高くなります。長時間の使用が難しいことや VR 酔いが起こることがあるだけでなく，そもそも年齢制限がある製品もありますので，VR を用いた教材を使用するときには身体的な配慮も必要になります。また，VR は利用者ごとに別々の仮想現実を体験させることを前提としています。VR ゴーグルを装着していない人は仮想現実を体験できないため，使用可能な VR ゴーグル数と学習者の人数を考慮した授業設計が必要になること，VR ゴーグルを装着できない人への教育的配慮が必要になることもあります。複数人で共通の仮想現実に入り，その空間上でコミュニケーションを行えるようにしたい場合は，次項で解説するメタバースと呼ばれる技術を使います。

④ MR・メタバース

　本節の最後に VR の限界を解決する方法になる MR とメタバースについて解説します。MR とは mixed reality の略称で，日本語名は複合現実と呼ばれています。複合とありますが，これは AR と VR を組み合わせた技術のことです。AR は現実世界にデジタル情報を描画していましたが，MR は仮想空間を表示します。なお，仮想空間を見るので MR も専用のゴーグルが必要になります。VR ゴーグルは没入感を高めるために現実世界を見せませんが，MR ゴーグルは通常のメガネのように現実世界を見ながら，レンズに仮想空間を表示することで，現実世界の一部が仮想空間になっているかのように見せます。現実世界で見えているものは，もちろん，MR ゴーグルを装着していない人と同じものが見えています。仮想空間に関しても，表示内容はインターネットを経由して表示するので，MR ゴーグルを装着している人同士では同じ仮想空間を見ることができます。これらの仕組みがあるので，複数の人がコミュニケーションを取ることが容易になります。例えば，学習者は MR ゴーグルを装着し，本当は教室の中にいるのに，海外の風景を仮想空間として表示し，学習者同士や外国人教師と実際に会話をしながら英会話の練習をする，といったインタラクティブな学習ができます。

　仮想空間で他者とのコミュニケーションを取れる他の方法としてメタバースがあります。メタは meta（超越した）の和訳，バースは universe（宇宙）の略語になり，２つの単語を組み合わせた造語になります。メタバースは他者との交流ができますが，参加者は仮想空間のみを見ているので，キャラクターで表現した自分自身の分身であるアバターとして空間に入ります。

Ⅰ．メタバースの例

　図2-11は自然災害をテーマにした安全教育として，グループでの避難訓練を行うための使用例を示しています。この例では地震が発生した状況を仮想的に見せ，安全な場所を知っている人達が案内役として，他の人達を誘導す

図2-11. メタバースで複数人が協力しながら自然災害を学ぶ様子

る訓練をしている様子を示しています。メタバースはコミュニケーションを前提としているので，他者と協力する学習に取り組むことができます。

Ⅱ．メタバースの可能性と注意事項

　メタバースはVRと同じように，目の前には現実とは異なる世界が見えています。そのため，VRの特徴として挙げた，物理的に観察することや触ることが難しい事象や物の観察や接触，自然災害の体験はメタバースでも可能です。さらに，メタバースは他者とコミュニケーションを行えるので，仮想空間上で，入学式や卒業式，身体的な問題がある人でも参加可能な運動会の実施，といった学校行事を実現できます。

　一方，このコミュニケーションを実現するためには参加者の行動などの情報を相互に共有する必要があるため，インターネット接続が必須となります。また，多くの人が一斉にメタバースに参加できるように，ネットワークの通信量を十分に確保しなければなりません。さらに，VRと同様に専用のゴーグルを使用するので，VRと同じ注意や配慮が必要になります。

4 第2章のまとめ

　最後に本章で解説した技術についてポイントをまとめます。まず，第2章では以下の内容について解説しました。

---

① 　EdTech を支えている技術 ＝ AI ＋ 可視化
② 　AI：教師あり学習，教師なし学習，検索エンジン，生成 AI
③ 　可視化：立体表示，AR，VR，MR・メタバース

AI として解説した技術をまとめると以下のようになります。

---

① 　教師あり学習：AI に正解を教える教師データを使用した技術。カ
テゴリ名を正解とするニュースの分類や，回答文を正解とする FAQ
チャットボットの実現で使われている。
② 　教師なし学習：教師データを使わない技術。似たデータをグループ
にまとめることや，表記ゆれの検出で使われている。
③ 　検索エンジン：データベースから適切な情報を探す技術。利用者が
入力した文の意味解析，Web サイトの重要度の解析，などを行うた
めに，教師あり / なし学習の技術を使う。
④ 　生成 AI：自然な会話となる文章を自動的に生成する技術。教師デ
ータを用意しなくても，膨大な量のデータを使用して自動的に教師あ
り学習を行う。

可視化として解説した技術をまとめると以下のようになります。

① 立体表示：写真や画像を立体的に見せる技術。左右の目に入る像が少しずれて立体的に見えるという特徴を利用した技術がある。

② AR：位置情報・マーカー・壁や机などの形状をきっかけに，CGキャラクターなどのデジタル情報を表示する技術。このデジタル情報は，スマートフォンやパソコンのディスプレイを通して，見ている現実世界に追加して表示する。

③ VR：専用のデバイスを利用して仮想空間を表示する技術。一般的には，デバイスで表示されている映像のみを見ている。立体表示の技術を使用しており，目の前に立体的な空間が広がっているように感じられる。

④ MR・メタバース：他者とのコミュニケーションができるようにVRを拡張した技術。MRは専用のゴーグルを利用して現実世界の一部に仮想空間を埋め込んでいる。メタバースは，VRで表示する仮想空間上で情報を他者と共有する。

第 **3** 章

探究学習の問い
づくりを深める
EdTech

池尻　良平
澄川　靖信

1 探究学習の問いづくりに役立つ EdTech の概要

　探究学習の「問いづくり」は，あるトピックに対する好奇心を刺激させた上で，問いを立てたり，仮説を立てたりするフェーズです。このフェーズでは，興味のあるテーマに関する先行研究などの情報を収集し，探究にふさわしい問いや仮説を立てたり，推敲したりすることが必要になります。しかし，問いづくりは探究学習の中でも特に支援が難しいフェーズです。実際，筆者が探究学習の講師をしている高校からも，「問いをつくらせることが一番難しい」という声をよく聞きます。そして，この問いが曖昧なまま調査や実験を進めた結果，よいデータが取れずに足踏みしている事例も多く見てきました。つまり，問いづくりはその後の探究の成功を左右するフェーズなのです。

　しかし，先生１人で問いづくりの支援を行うのは至難の業です。仮に，あなたが30人のクラスの探究学習の支援を担当することになり，その中のＡさんが「そもそも興味のあるテーマ自体が思いつかない」と言ったとしましょう。この場合，学習者の問いの発想を刺激する面白い情報を提供したり，興味を探る質問を丁寧に重ねたりすることが有効になりますが，この悩みを持っている人が10人いた場合，先生１人では対応できないでしょう。

　さらに，興味の領域は固まっているものの，そこからどうすればよいのかがわかっていない児童・生徒も多数いるでしょう。例えば，「ロシア喜劇に興味があるんだけど，どう問いをつくればよいのかわからない」や，「空気抵抗が少なくなるロケットの形を探究してみたいけれども，仮説が思いつかない」と言う児童・生徒などです。この場合，全ての領域の知識を１人の先生が調べていき，細かいアドバイスをするのは現実的ではありません。そのため，その領域の情報がまとまっている本やサイトを探すための方法を教えたり，その領域に詳しい同僚の先生を紹介したりする方がよいでしょう。それでも30人全員に対して，このような細かい支援をするのは大変です。クラスの垣根を超えたゼミを各先生が開き，各先生の専門と近い領域に興味を持

っている学習者を集めることで，できるだけまとめて支援できるようにするという組織的な対応を取っている学校もありますが，それでも問いづくりに関しては1人1人で状況が異なるため，支援しにくいという問題は残っています。

　この問題を解決するのであれば，学習者の関心に沿った問いの発想を刺激できる教材を提供したり，問いづくりに有益な情報を個々に入手できる学習環境を作ったりすることが必要になります。そこで役立つのが EdTech です。個々人が自分の興味に沿った面白い情報を得られる EdTech を導入すれば，教師が一から情報源を提供しなくても，各自である程度は進められるようになります。もちろん，問いづくりの最中でつまずく箇所は出てきますが，先生が支援をしないと一歩も進まない児童・生徒は格段に減るため，本当に困っている児童・生徒に集中して支援できるようになるでしょう。また，問いづくりに役立つ質の高い情報を提供できる EdTech があれば，問いづくりや推敲が個別に進んでいく可能性も上がります。

　つまり，問いづくりにおいては，個々人の関心に沿って問いの発想を刺激したり，問いづくりの質を高める高度な情報を提供できたりする EdTech を導入することが鍵になるのです。以降では，授業で導入できるこれらの EdTech と，それを用いた授業例を以下の順番で紹介していきます。

2　先進的な授業例：AI を使った問いの推敲

3　明日からできる授業案：Google Scholar で収集した先行研究を
　　　　　　　　　　　　　　起点にした問いづくり

4　その他の関連事例：VR・360度映像を使った問いの発想の刺激

---

② 先進的な授業例：AI を使った問いの推敲

教科	対象	狙い	活用する EdTech
歴史	高校生	探究の問いを歴史学的に推敲する	Academic Term Converter ChatGPT

　先進的な事例として紹介したいのは，AI を用いて素朴な問いを学術世界につなげて推敲させる歴史の探究の授業案です。この授業案は，筆者らが高校生向けに実施した，歴史の探究における問いづくりを教える放課後プログラムの結果をもとに作っています。この放課後プログラムは，2022年に都立の高校 1 年生〜 3 年生から希望者を募って実施したもので，「世界史探究」や「日本史探究」の問いを深めるヒントを発見しました。

　そこで以降では，高校 2 年生を対象にした歴史科の「世界史探究」の授業において，歴史の探究を実施する10時限の単元案と，問いづくりの部分に焦点を当てた授業案を紹介します。なお，2022年の際に実際に活用した AI は，筆者らが開発した学術用語検索ツール "Academic Term Converter" でしたが，一般公開はしていないため，比較的自由に使えて類似した効果が期待できる生成 AI，ChatGPT を使った代替案も紹介します。

①　授業案の紹介

教科　高校「歴史科」（世界史探究）

単元名　地球世界の課題を歴史的な視点で探究しよう

単元の目標

　歴史総合や世界史探究で学習した内容をもとに，地球世界の課題に関して探究できる世界の歴史の問いを表現し，推敲する。また，地球世界の課題の

形成に関わる諸事象の歴史的背景や原因，結果や影響，事象相互の関連，諸地域相互のつながりなどに着目し，諸資料を比較したり関連付けたりして読み解き，地球世界の課題の形成に関わる世界の歴史について多面的・多角的に考察，構想し，表現する。

単元の構成

　この単元は，**表3-1**のように進めます。１〜２時限では，これまでの授業で学習した内容や日常生活における関心をもとに，歴史に関連したテーマを決め，探究に向けた問いをつくり，推敲します。３〜７時限では，その問いに回答するための歴史資料を集め，分析していきます。８〜10時限では，調べた内容をレポートやポスターやスライドなどにまとめて発表し，他の学習者と議論した内容をもとに，探究学習全体を振り返ります。

時限	フェーズ	各授業の目標
1	問いづくり	問いづくりの準備
2	問いづくり	問いづくり・問いの推敲
3	調査	データ収集の準備
4	調査	データ収集
5	調査	データ収集
6	調査	データ分析
7	調査	データ分析
8	発表・議論	発表準備
9	発表・議論	発表と議論
10	発表・議論	振り返り

表3-1. 地球世界の課題を歴史的な視点で探究する単元例

問いづくりの授業案

　問いづくりの授業に該当する１・２時限の流れを示したものが**表3-2**です。この授業では，歴史に関する素朴な問いを，世界史探究につながる深い問いに推敲させることを目標にしています。

　まず１時限目の最初では，「歴史の探究とはどのような活動なのか」，「なぜ自分で主題を決めて問いを作る必要があるのか」，「どのようにその問いに回答するのか」の全体像を示します。特に歴史の場合は，問いの内容によって調べるべき情報が大きく変わります。そのため，例えば**図3-1**のようなスライドを見せつつ，問いをじっくり考えさせることの重要さを強調します。

　次に，歴史に関する素朴な疑問や興味をワークシートに書かせます。その後，インターネットで実際にその問いや興味に関して検索させ，既にわかっていることを調べさせます。それを踏まえて，**図3-2**の②のように，すぐに答えが見つからない，「オープンエンドな問い」に修正することを促します。例えば，「20世紀の強大な国はどこか」のような問いを最初に立てていた場合は，下調べの段階でおおよその回答が得られるため，「なぜアメリカ合衆国は強大な国になったのか」のような問いに修正させる方がよいことを伝え

時間	活動	用いる教材
15分	探究における問いづくりの解説	スライド
15分	自分の興味のある問いやキーワードを書き出す	ワークシート
20分	ウェブで検索しながら，すぐに答えが見つからない問い，オープンエンドな問いに修正する	ウェブブラウザ
35分	自分の問いと関連する学術用語を調べる	Academic Term Converter もしくは ChatGPT
15分	学術用語の視点を踏まえた高度な問いに推敲する	Academic Term Converter もしくは ChatGPT

表3-2. 問いづくり（１・２時限目）の授業展開

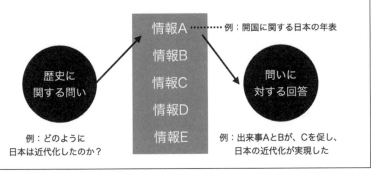

・歴史の探究とは…
　①自分で歴史に関する問いを立て、
　②問いに回答するための情報を収集し、
　③問いへの回答を考察すること

情報A ‥‥‥‥ 例：開国に関する日本の年表
情報B
情報C
情報D
情報E

歴史に
関する問い

問いに
対する回答

例：どのように
日本は近代化したのか？

例：出来事AとBが、Cを促し、
日本の近代化が実現した

図3-1. 歴史の探究の全体像と問いの重要性を説明するスライド例

①歴史に関する素朴な疑問や興味を書く
　　例：授業で気になった歴史の疑問を書く
　　例：最近のニュースと関連させて歴史の疑問を作る
　　例：テレビ・映画・漫画で知った歴史の疑問を作る

②素朴な疑問の答えになりそうな情報をウェブで調べてみて、
　　知識だけだと回答できない問いに修正する
・WhoやWhenやWhereの問いは、調べた知識だけで回答できるので修正
　　例：20世紀の強大な国はどこか
　　例：いつ日本は近代化したのか
・知識だけではすぐに回答できないWhyやHowの問いに修正しよう
　　例：なぜアメリカ合衆国は強大な国になったのか
　　例：どのように日本は近代化したのか

図3-2. 歴史の良い問いの基準を示すスライド例

ます。なお，歴史を探究する際は，一般的に Why 型や How 型の問いがよいとされているため，この時に Why や How を使った問いにさせると，その後の調査の質も向上します。

　以上が１時限目で行う活動です。先生は，回収したワークシートをチェックし，すぐに回答がわかる When 型，Where 型，Who 型の問いが書かれている場合は，個別にフィードバックして修正を促します。

　２時限目では，より探究の視点が深くなる問いの推敲を目指します。歴史の探究で実際に資料を集めて分析しようとした際，「なぜアメリカ合衆国は強大な国になったのか」という問いでは，具体的に何の資料を集めるべきかが曖昧で，分析も深くなりにくい傾向があります。そのため，具体的な情報を集めて深い考察ができるような視点や切り口を考え，それらを追加した問いに再修正すること，つまり「問いの推敲」をすることが２時限目の目標であることを生徒に伝えます。「問いの推敲」は生徒にとっては馴染みがないことが多いため，例えば**図3-3**のように，推敲の具体例を示したり，推敲した問いにすることでその後の探究のプロセスや結果がどう変わるかをビジュアル的に示すことが大事です。

　この段階までくると，先生が１人１人のテーマに対して個別に支援することが難しくなりますが，そこで活躍するのが，筆者らが開発した AI を用いた学術用語検索ツール Academic Term Converter です。詳しくは後述しますが，このウェブアプリでは，生徒が問いや関心の文章を入力すると，その問いや関心の内容と関連する歴史の学術用語が出てくるようになっています。例えば，「なぜアメリカ合衆国は強大な国になったのか」という問いを入力すると，「世界システム論」などの学術用語が出てきます。「世界システム論」は「16世紀以降の歴史を，１つの国の視点で考えるのではなく，世界を１つのまとまり（ヨーロッパを中心，植民地や低開発国を周辺）として捉える見方」ですが，この視点を用いると，「アメリカ合衆国を中心にした世界システムは，どのように形成されていったのか」のような問いに推敲できるようになります。

この問いで探究を進めれば，例えばアメリカ合衆国を中心にした際の周辺国がどう変化したのかのデータを集められ，各時期に周辺国とどういう関係性を結んでいたのかを調べる深い探究になるでしょう。このように，問いをその教科や領域ならではの視点で推敲することによって，3時限目以降の調査の質が向上し，発表や議論の活性化も見込めます。

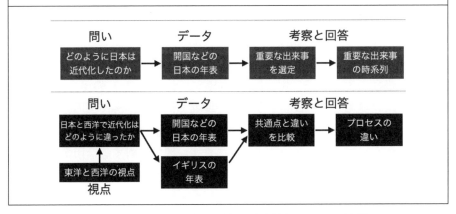

図3-3. 歴史の問いの推敲の定義と具体例を伝えるスライド例

② 活用した AI の仕組み

では AI を用いた学術用語検索ツール Academic Term Converter の仕組みについて紹介したいと思います。このウェブアプリは JSPS 科研費20H01717の助成を受けて開発したもので，素朴な歴史の問いや関心のある単語や文章に関連した歴史の学術用語を提案してくれるものです。先ほど書いたように一般公開はしていないため，生成 AI の ChatGPT を使って同じような効果を得る方法も紹介したいと思います。

[AI を用いた学術用語検索ツールの仕組み]

Academic Term Converter は，**図3-4**のような画面構成になっています。左の枠に学習者が関心のある単語や問いの文章を入力することで，関連度の高い歴史の学術用語が10位まで出力されます。生徒の入力する問いが違っていても，個々の問いの推敲に有効な情報を提供できる点が特徴です。

さらに，検索結果の各学術用語のタイトルをクリックすると，「解説文」「活用例」「関連語」の３つが読めるようになっています。例えば「世界システム（論）」の学術用語の場合，用語の解説として「16世紀以降の歴史を，１つの国の視点で考えるのではなく，世界を１つのまとまり（ヨーロッパを中心，植民地や低開発国を周辺）として捉える見方」が記載されています。

活用例については，探究における問いの推敲に向けてどのような活用ができるかが書かれています。例えば，「世界システム（論）」の場合は，「・問い：切り口を変えるのに役立つかも　・探究：例えば，ある国の経済力がずっと低い理由や，人種差別が残っている理由が，世界の関係性の中から見つけられるかもしれない」が記載されています。問いに対する活用例については，各用語が含む理論や概念の特徴を踏まえ，「抽象化するのに役立つかも」「具体化するのに役立つかも」「切り口を変えるのに役立つかも」のどれかが記載されています。

関連語については，学術用語に関連した情報を多様に提供するための機能

として，Wikipedia の歴史に関連する用語のうち，学術用語との関連度が高く，高校生でも理解しやすいものを最大3つ提示するようになっています。例えば，「世界システム（論）」の場合は，「プロト工業化」，「列強」，「商業革命」の関連語が提示されます。

　このような技術を用いて個別に関連した学術用語を検索できるようにすることで，生徒は歴史の学術用語の視点を学ぶことができます。さらに、その視点を自分の問いの推敲に活かすことで，より歴史的に深く調査できる問いになることが期待されます。

　ただし，学術用語は生徒1人で理解することが難しいケースも多々あります。そのため，疑問があれば先生に質問するように指示しておき，机間巡視をしながら生徒の様子を観察することも大事です。また，生徒同士でグループになって，学術用語の解釈を共有したり，わからない部分をグループで調べる活動を挟んだりするやり方も有効でしょう。

図3-4. AI を用いた学術用語検索ツールの画面

今回実施した放課後プログラムでは，**図3-5**のように、高校で貸し出しているノートパソコンを使って19人の高校生に実践しましたが，今後１人１台端末の環境が整備されたり，"BYOD（Bring Your Own Device）"，つまり自分のパソコンやスマホを教室に持ち込むスタイルが一般的になれば，このような AI を使ったウェブアプリは，すぐに導入できる強力な支援ツールになるでしょう。

　ウェブアプリを共有する際は URL を生徒に伝える必要がありますが，クラスのクラウドシステムの通知で URL を共有したり，URL を QR コードに変換してスライドに貼り付けたりすることで，簡単にアクセスさせることができます。ただし，学校によっては特定のホームページのアクセスが遮断されている可能性がありますので，事前に生徒用の端末でアクセスできるか確認することをおすすめします。

図3-5. 高校生が Academic Term Converter を使っている様子

この Academic Term Converter がどのような仕組みで関連する学術用語を検索しているのかも簡単に説明しておきます。

　Academic Term Converter は，第2章2節で解説した，教師あり学習と教師なし学習の技術を組み合わせています。教師あり学習の手法としては，高校生が作成した文章を学術用語に分類する方法を取っています。教師なし学習の手法としては，高校生の文章と学術用語の解説文章の類似度を測定する方法を取っています。この類似度の求め方では，第2章2節の教師あり学習の例で示した，2つの文章の両方にある名詞の種類から求めた割合を使用しています。分類を行うときにも類似度の値を計算しているので，これらの方法を使うと複数の類似度を計算することになります。Academic Term Converter は，それらの計算結果の平均を取ることで1つの最終的な類似度を計算します。そして，この計算結果の値が大きいものから順番に，ランキング形式で学術用語を出力しています。

　Academic Term Converter では，分類を行うために，学術用語ごとに高校生が作成した文章を用意して教師データを作成しました。この高校生の文章はクラウドソーシングによって収集し，専門家の手作業で文章として妥当なものだけを結果を利用しています。しかし，高校生の文章は短文になる傾向があるため，その文章の話題を解析し，Wikipedia からの追加情報の取得も行っています。

　文章の話題を解析する際は，第2章2節で例示したものと同じく，よく一緒に使われる単語の組み合わせを求める方法を用いています。Wikipedia からの追加情報の取得では，まず，文章中にある固有名詞を見つけ，その解説記事が Wikipedia にあるものだけを取り出します。次にこの Wikipedia の記事の中から Wikipedia が用意しているカテゴリを取り出し，この Wikipedia カテゴリを追加情報としています。

　これら2つの解析結果を使用することで，高校生が作成した文章には含まれていないものの，関連する単語を自動的に追加し，分類精度を高めています。

[ChatGPTの仕組み]

　次に比較的誰でも使えて，類似した効果が見込める ChatGPT という生成 AI の仕組みも紹介します。ChatGPT（https://chat.openai.com）は，OpenAI が2022年11月に公開した人工知能チャットボットです。GPT は，"Generative Pre-trained Transformer" の略で，日本語だと「生成可能な事前学習済み変換器」という意味になります。

　ChatGPT は生成 AI の一種です。生成 AI の詳細は第2章2節の解説ページをご覧いただければと思いますが，質問や指示の文章を入力すると，実際に会話しているような自然な表現で柔軟に回答してくれる点が大きな特徴です。2023年9月時点では，事実や細かい因果関係を質問すると間違った情報が返ってくることもありますが，視点の幅を広げてもらうための質問であれば学習的によい回答が返ってきやすくなります。1人だと見落としがちな情報を，学習者ごとに提供できるウェブアプリといえます。

　では，実際にどのような入力をするとどのような結果が出てくるのかを見てみましょう。**図3-6**は，「歴史上の格差が発生する原因について調べたいと思っています。格差と関連する歴史の学術用語を教えてください。」と入力した際の出力結果です。

　ChatGPT の回答を見ると，歴史上の格差を探究する際の視点としては有効なものが多いことがわかります。そのため，ぼんやりと格差に関心がある学習者にとっては，格差の具体的なイメージを持ったり，格差の様々な視点を獲得したりすることができます。全く別の領域，例えば理科の場合でも，「〜と関連する〜学の学術用語を教えてください」と入力すれば，同様に多様な視点に関する情報を獲得することができます。なお，毎回同じ回答結果が出るわけではありません。

　ChatGPT は，2023年7月時点では，12歳までは利用できませんが，13歳〜18歳は大人の許諾があれば利用可能になっています。使用ルールは今後変更する可能性が高いので，授業で導入する際は必ず公式ホームページをご確認ください。

歴史上の格差が発生する原因について調べたいと思っています。格差と関連する歴史の学術用語を教えてください。

 歴史上の格差が発生する原因やそれに関連する学術用語はさまざまです。以下は、格差に関連する歴史の学術用語のいくつかです。

1. 貴族制度（Feudalism）：中世ヨーロッパなどで見られた社会制度で、土地を支配する地主貴族と農民などの労働者との間に大きな社会的格差が存在しました。
2. 封建制度（Manorialism）：貴族制度の一部で、封建領主が土地を支配し、農民が土地を耕作するために労働を提供するという経済的な体制です。
3. 奴隷制（Slavery）：歴史的に、奴隷制度は社会的格差の極端な形態で、奴隷と自由人の間で法的および経済的な不平等が存在しました。
4. 資本主義（Capitalism）：近代の経済システムで、資本家と労働者の間で経済的な格差が発生しやすいとされています。
5. 不平等（Inequality）：歴史的な社会や経済における格差や不平等を指す一般的な用語です。収入、財産、社会的地位などの面で不平等が存在することがあります。
6. 階級制度（Class System）：社会を異なる階級や階層に分ける制度で、階級間の不平等が存在することがあります。
7. 種族差別（Racial Discrimination）：人種に基づく差別や不平等が歴史的に存在し、特定の人種や民族が不利な立場に置かれることがありました。
8. ジェンダー不平等（Gender Inequality）：歴史的に、男女間の社会的・経済的な不平等が存在し、特に女性が不利な立場に置かれることが多かったです。
9. 社会階層（Social Stratification）：社会を異なる層に分け、それぞれの層における不平等を研究する学問です。

これらの用語は、歴史的な格差の発生や影響を理解するために役立ちます。歴史の特定の時代や地域における格差について研究する際には、これらの用語を参考にすることが役立つでしょう。

Regenerate

Send a message

図3-6. ChatGPT の会話の画面例

③ 実際の学習事例

　では，この AI を用いた学術用語検索ツールを使うと，どのような問いの推敲がされるのでしょうか。高校の放課後プログラムで実践した際の高校生の事例を2つ紹介したいと思います。

[戦争に関する問いを推敲した生徒の事例]

　1人目は，「戦争」というキーワードに興味があり，ウェブ検索を通して「領土を増やすために武力を使うようになったのはなぜか」という問いを作った生徒の事例です。

　この生徒は，Academic Term Converter で検索する中で，「社会進化論」という学術用語に注目しました。社会進化論は，「人間社会の様々な変化に対し，生物の進化の法則（適者生存や自然淘汰など）を適用して説明すること。帝国主義や人種差別を正当化するものとして使われていた」という解説文が入っている学術用語です。この生徒は，ワークシートに「戦争・内戦」，「文化圏」，「社会進化論・・・生物の進化の法則にあてはめて，帝国主義や人種差別の正当化に使われた」というメモを残していましたが，「文化圏」と「社会進化論」は Academic Term Converter で調べてメモした学術用語です。そして結果的に，「戦争において人に武力を使うようになったのは社会進化論の影響が関係しているのだろうか。またどんな影響があったのだろうか」という問いに推敲しました。

　この生徒は，社会進化論の視点を，自分で立てた問いに引きつけて推敲している点が特徴的です。実際，第二次世界大戦中のドイツでは，社会進化論の影響を強く受けた事例が複数見られます。そのため，この問いをもとに調査すれば，具体的に複数の歴史資料を集めることができます。元々，地球世界の課題と相性のよい関心を持っていましたが，学術用語を知りながら推敲することで，単元目標である思考力の向上も期待できます。

［食事に関する問いを推敲した生徒の事例］

　２人目は、「食事」というキーワードに興味があり、ウェブ検索を通して「食事はどのように変化していったのか」という問いを作った生徒の事例です。

　この生徒は、Academic Term Converter で検索する中で、「グローバリゼーション」「文化圏」という学術用語や、「ヨーロッパ中心主義」という関連語に注目していました。グローバリゼーションは、「世界経済が一体化する傾向を指した用語。政治や文化にも使われ、価値観の画一化を指す用語にもなっている」という解説文が入っている学術用語です。また、文化圏は、「特徴的な文化が共通している一定の地域。地域的な文化圏（日本文化圏）、銅鐸文化圏、アジア稲作文化圏、キリスト教文化圏など、多様な文化圏がある」という解説文が入っている学術用語です。ヨーロッパ中心主義は、Wikipedia 上の歴史の用語ですが、この生徒は Wikipedia の文章の中でも、特に日本が戦後にアメリカ合衆国から受けた影響の文章を注視していました。そして結果的に、「各国の食文化は、戦争や経済発展などを経て、お互いにどのような影響を与えてきたのか」という問いに推敲していました。

　この生徒は、食事という身近なテーマに対し、グローバリゼーションによる経済の視点を持ち込みつつ、文化圏の視点も持ち込んで食文化の双方向の影響を意識した問いに推敲している点が特徴です。食文化は実際に双方向の影響を受けながら変化することが多く、生徒の関心に沿った様々な事例を収集することができます。また、「戦争や経済発展」という調査の軸を設けることで、例えば戦後の日本のパン食など、具体的な事例に焦点を絞った探究も進めることができるでしょう。地球世界の課題に引きつけた推敲をさせる方が望ましいといえますが、身近に興味を持てるテーマで探究の見通しが立っているため、単元目標の思考力だけでなく、学びに向かう力・人間性への効果も高くなると考えられます。

④ 明日からの授業で組み込む際のアドバイス

　ここまでは，探究がより深くなるための問いの推敲を支援する方法を紹介してきました。そこで，研究実践でわかった知見をもとに，ChatGPTを使って上手に支援する際のアドバイスを3つ紹介します。

　1つ目は，探究学習において「問い」がなぜ大事なのかを丁寧に説明することです。少し話が逸れますが，授業中の学びが深まるような「発問」に工夫を凝らしている先生は多いと思います。筆者自身も少しだけ高校で教えた経験がありますが，授業の冒頭の発問を「なぜ産業革命は起きたのでしょうか」にするか，「産業革命はどう展開していったのでしょうか」にするかで，学習者の学びはガラッと変わります。また，前者の発問だけでは授業中の学びが深まらないので，「なぜ産業革命は起きたのでしょうか。世界システム論の視点で分析してみましょう」のように，学習してほしい視点と一緒に発問することで，一歩踏み込んだ授業にすることもできます。

　このように，問いの表現がその後の学びに大きな影響を与えることを知っている先生は多いと思います。一方で，この感覚は児童・生徒にはほとんどありません。これは，受験やテストの影響などで「問いは与えられるもの」という意識を持っている児童・生徒が多く，そこでは常に推敲された問いが用意されているため，問いの持つ影響力を知る機会がなかなかないからです。そのため，図3-1のスライドのように，探究学習のプロセスの全体像をビジュアル的に見せつつ，問いの微妙な表現の違いが探究の質に大きく影響することを丁寧に伝えることが大事なのです。

　2つ目は，各領域において探究が深くなる問いの基準を示すことです。例えば，歴史の場合は一般的にWhyやHowの問いがよいとされています。また，実験に向いている教科の場合は，仮説の形式にすることがよいでしょう。このように，関心領域ごとによい問いの基準はある程度あります。そしてその基準は，各教科の先生が児童・生徒の学習を深める上で有効な発問の基準に近い傾向があります。各教科の発問でよいとしている基準を各先生が

言語化・共有し，学校全体で組織的にまとめ，マニュアルのような形で児童・生徒に配布できるようにすると，先生1人による支援の負担が減るだけでなく，児童・生徒の問いづくりの質も向上するでしょう。

3つ目は，探究を深める視点を個別に学べるシステムの使い方を教えることです。第3章2節では，比較的誰でも使いやすいAIのシステムとしてChatGPTを紹介しましたが，学習者からすると導入方法や効果的な使い方がわからないと，個別に活用することはできないでしょう。そのため，ChatGPTでできることと注意点，ChatGPTのアクセス方法，アカウントの作成方法など導入に関するマニュアルを作成しておくことが大事です。

さらに，ChatGPTは，「プロンプト」というChatGPTへの質問や指示の仕方で返答内容が大きく変わります。探究学習における問いの推敲を促す情報を得る際は，「環境破壊はなぜ起きるのかという問いで探究したいと思っています。どういう視点で情報を調べるとよいですか」といったように，視点の幅を広げるような聞き方にする方がよいでしょう。また，「文明の発展に関心を持っています。文明の発展に関連している社会学の重要な概念を教えてください」といったように，関心に関連する学問の概念を知るような聞き方も有効でしょう。さらに，「〜学者のように」や「〜の専門家のように」といったように，どういう人物としての回答がほしいのかをプロンプトの文章に入れることで，より学問的な視点や専門的な視点を得ることもできます。他にも，「小学生にもわかるように教えてください」や，「回答結果以外の視点も教えてください」も有効です。このように，AIからの回答の質を高めるためのよい質問や指示の例をプリントにして配ることで，問いの推敲をより個別に促進させることができるでしょう。ただし，ChatGPTは年齢による使用制限があるため，先生や保護者が代わりに入力し，結果を取捨選択してフィードバックするような体制・ルールを作ることも重要です。

このような問いづくりに関するマニュアルは，最初は作成に時間がかかりますが，一度作ると強力な支援ツールになります。ぜひ学校全体で取り組んでみてください。

明日からできる授業案：Google Scholar で収集した先行研究を起点にした問いづくり

教科	対象	狙い	活用する EdTech
総合的な探究の時間	高校生	類似研究をもとに探究の問いをつくる	Google Scholar

　明日からできる授業案として紹介するのは，学術論文の検索エンジンを用いて関心の近い探究をしている学術論文を知り，その論文を起点にして一歩深い問いづくりを支援する方法です。関心の近い学術論文を読むことは，探究学習を進めるにあたってよい効果をもたらします。例えば，論文では一般的に先行研究の整理がされているため，それを読むことで自分が関心のある領域において，これまでにどんな研究がされてきたのかを大まかに把握することができます。また，論文の章構成を見ることで，どういうふうに探究学習の結果をまとめればよいかのイメージも掴めるでしょう。

　以降で紹介するのは，高校１年生を対象にした「総合的な探究の時間」の授業における12時限の単元案です。授業案については，学術論文の検索エンジン Google Scholar を使って問いづくりを支援する授業を紹介します。

....

① 授業案の紹介

▌教科　高校「総合的な探究の時間」

▌単元名　自己との関わりを意識した探究をしてみよう

▌単元の目標

　課題の発見と解決に必要な知識及び技能を身に付ける。探究の意義や価値を理解する。実社会や実生活と自己との関わりから探究の問いをつくる。問いに回答するための方法を考案して情報を集め，整理・分析し，結果と考察

をまとめ・表現する。探究に主体的に取り組む態度を養う。

単元の構成

　この単元は，**表3-3**のように進めます。はじめの１～４時限で，日常生活や自分にとって関心のあることをもとに探究学習のテーマを決め，Google Scholar を使って関連する先行研究を調査し，論文を読んだ後に問いづくりを行います。５～10時限では，その問いに回答するための調査・実験・開発を行ってデータを集め，分析していきます。11～12時限では，調べた内容をレポートやポスター，スライドなどにまとめて発表し，他の学習者と議論した内容をもとに振り返り，学習を深める構成になっています。

時限	フェーズ	各授業の目標
1	問いづくり	探究テーマの決定 関連する先行研究の調査
2	問いづくり	論文の内容の読み取り（１本目）
3	問いづくり	論文の内容の読み取り（２本目）
4	問いづくり	問いづくり・問いの推敲
5	調査・実験・開発	調査・実験・開発の計画・検討
6	調査・実験・開発	調査・実験・開発の準備
7	調査・実験・開発	調査・実験・開発
8	調査・実験・開発	調査・実験・開発
9	調査・実験・開発	データ分析
10	調査・実験・開発	データ分析
11	発表・議論	発表準備
12	発表・議論	発表と議論

表3-3. 自己との関わりを意識した探究の単元例

[1〜3時限の問いづくりの授業案]

　1〜4時限の問いづくりのうち，先行研究の調査と論文の内容の読み取りを行う1〜3時限の授業を示したものが**表3-4**です。ここでは，日常生活や自分にとって関心のあることをもとに探究テーマを決め，Google Scholarを使って関連する先行研究を探します。その後，収集した2本の論文を読み，それを起点に4時限目の問いづくりにつなげることが目標になります。

　1時限目では，最初に探究学習の全体像の解説をします。第1章2節で紹介したように問いをつくることの重要性に加え，探究学習がどういうフェーズで進むのかを解説します。

　次に，探究のお手本として，先行研究である論文を読むことの重要性を説明します。その際，どのような流れで問い（目的）を導いているのか，どういう章構成で探究を展開しているのかを学ぶことも重要であると話しておき

時間	活動	用いる教材
10分	探究学習の全体像の解説	スライド
15分	初期の探究学習のテーマの決定	ワークシート
5分	Google Scholar の使い方の解説	Google Scholar マニュアルのプリント
20分	関心と関連する先行研究の調査と論文2本の選定	Google Scholar
10分	論文の章構成と読み方の解説	スライド
30分	1本目の論文の読み取り	収集した論文（PDF など）
10分	読んだ論文のまとめ	ワークシート
30分	2本目の論文の読み取り	収集した論文（PDF など）
10分	読んだ論文のまとめ	ワークシート
10分	問いづくりに向けての準備	ワークシート

表3-4. 総合的な探究の時間の問いづくり（1〜3時限目）の授業展開

ます。その後，自分が関心のある探究学習のテーマを，キーワードとしていくつか書かせます。例えば，「コミュニケーション」「感情」「防災」「ファッション」「猫」「天気予報」「カフェイン」などが挙がると次に進められます。この段階で何もキーワードが出てこない学習者がいた場合は，「好きなこと」「家に帰ってよくしていること」「部活で取り組んでいること」「受験に役立ちそうなこと」など，生徒が回答しやすい問いかけをし，そこからキーワードを導出させる方法がよいでしょう。

　その後，Google Scholar の使い方を解説します。解説すべき内容の詳細については，後述する機能紹介のページを参考にしてもらえればと思いますが，特に強調して教えるべきことは検索数の絞り方です。例えば，「コミュニケーション」で検索すると4万件以上もヒットしますが，他のキーワードと組み合わせて検索をしたり，検索対象の論文の期間を絞ったりすることでヒット数を絞ることができます。また，検索オプションの「出典」の入力欄に「学会」と入れることで，学会が発行している論文に絞ることもできます。このような操作方法については，実際に先生がプロジェクターで見せながら解説すると効果的です。

　1時限目の残り時間では，個別に Google Scholar を使って自分の関心のあるキーワードに関連した論文を検索させ，読んでみたい論文を2本選ばせます。選んだ論文のうち，PDF でダウンロードできるものはダウンロードさせ，次の時間で読めるようにしておきます。もちろん学年や学力によっては30分で論文の概要を読み取ることが困難なこともありますので，各学校の事情に合わせて読む論文数は調整してください。

　なお，昨今では PDF で読める論文が多くはなっていますが，掲載雑誌によっては PDF が公開されていないものもあります。その場合は，近くの図書館に雑誌があれば直接読みに行く方法もありますが，国立国会図書館の遠隔複写サービスを使うこともおすすめです。

　2時限目では，まず論文がどういう構成で書かれているかを解説します。特に，多くの論文は「背景・方法・結果・考察」で章構成されていることに

ついて説明したり，パラグラフ・ライティングを意識している論文が多いため，段落の１文目を意識して読むことがよいことを説明したりすることが大事です。また，ページ数の多い論文の場合は，最初から最後まで読むとかなりの時間がかかります。そのため，例えば**図3-7**のように，読んだ論文をまとめる整理シートを配っておき，ワークシートの観点に沿って読ませる方がよいといえます。また，ワークシートの最後には，論文を読んだ後に抱いた問いや感想を書かせる欄を設けておくと，４時限目の問いづくりにつながりやすくなります。

　なお，ワークシートで論文をまとめる際，自分のレポートで参考文献として引用する時に向けて，出典を最初に書かせておくことをおすすめします。同時に，参考文献で書かれている内容を引用する方法も教えておきましょう。図3-7は，参考文献の記載方法として有名な APA スタイルの例を載せています。APA スタイルでは，本文の最後に参考文献を並べます。また，本文中で参考文献を引用する際は「筆者１・筆者２（出版年）は，「感動は～である」と定義している」のようにすることが一般的です。

　３時限目も同様の展開で２本目の論文を読み，ワークシートにまとめて先生に提出します。さらに，論文を読んで探究してみたい問いも一緒に提出してもらうのがよいでしょう。先生は３時限目が終わったら，それらを確認し，探究に向いている問いかどうかをフィードバックしてあげると４時限目がスムーズに進むでしょう。

　なお，生徒によっては，期待していた結果と違うものが書かれていたために追加で論文を読みたい場合や，２本読んでさらに読みたい論文が出てくる場合もあると思います。このような状態は，探究学習の望ましい態度といえます。そのため，先生が個別に一緒に論文を探してあげたり，一部の生徒に対しては論文を読む時間を延長したりする方がよいでしょう。

論文の整理シート

■論文の出典

例：著者 1, 著者 2. (出版年). 論文タイトル. 掲載雑誌名, 巻(号), ページ数-ページ数.

■背景

この研究の 背景や意義	
関連研究	
問い＝目的	

■方法（調査・実験・開発）

採用した 方法の概要	
データの 収集方法	
データの 分析方法	

■結果

分析結果の 概要	

■考察

考察	
課題や展望	

■この論文を読んで生まれた問いや感想

図3-7. 読んだ論文を整理するシート案

② 活用できる EdTech の機能紹介

　学術論文に特化した検索エンジンは，日本語論文であれば「J-Stage」や「CiNii」，英語論文であれば ScienceDirect などがありますが，ここでは幅広い言語に対応して使いやすい Google Scholar を紹介していきます。

　Google Scholar（https://scholar.google.co.jp）は，学習者が関心のあるキーワードを入力することで，関連する論文や文献が出力される検索エンジンです。**図3-8**は日本語で検索しているため，日本語論文が表示されていますが，英語で検索すれば英語論文も検索できます。検索ページの表示言語を英語や他の言語に変更することもできます。

　検索をすると，図3-8のように関連する論文や文献がリストアップされて表示されます。それぞれの論文タイトルをクリックすると，出典情報が記載された論文の公開ページを閲覧することができます。近年では，PDF で論文を公開しているものも多く，検索結果のタイトルの右の欄に [PDF] と表示されているものであれば，PDF で論文をダウンロードできます。

　また，**図3-9**のように，画面の左上にある「ハンバーガーボタン」と呼ばれる三本線のボタンを押すことで，「検索オプション」を選択することができます。ここで，例えば検索する論文の期間を指定したり，より細かい条件を設定して検索したりすることもできます。さらに，出典に「学会」と入れることで，学会が発行した雑誌に掲載された論文だけを検索することができます。この手法を用いて検索結果を絞ると，質の高い論文を厳選できるのでおすすめです。

　また，学習者の関心に近い論文を見つけた際，図3-8の各論文タイトルの下側にある「被引用数」という文字をクリックすると，その論文を引用しているその後の論文の検索結果を表示することもできます。その研究領域におけるその後の展開を知る方法として便利な機能です。

図3-8. Google Scholar を用いた検索画面の様子

図3-9. Google Scholar の詳細な検索オプション

③ 学習例

　本授業案は実際に実践したものではありませんが，筆者が探究学習の講師をしている高校では，同じようにワークシートを用意して論文を整理した上で，問いをつくらせているところがいくつかあります。そこで，あるタイプの高校生を想定し，どのように論文を探し，探究の問いをつくっていけるかを紹介します。

　ここで想定する生徒は，学校での活動に消極的で探究学習の意欲が低く，関心のある探究学習のテーマのキーワードがなかなか出てこないタイプのＡさんです。このような生徒はどの高校にも一定数いますが，先に書いたように「家に帰ってよくしていること」を聞くと，例えば「よく映画を見る」など関心がありそうなキーワードが出てきやすくなります。さらに「映画を見ていて疑問に思ったことはありますか」といった質問をすると，「感動する映画の条件について知りたい」という回答が返ってきやすくなるでしょう。

　このようなキーワードが出てきたら，Google Scholar を使って検索をさせます。例えば「感動　映画」で検索してみると，映画作品をもとに感動を喚起させるメカニズムを調査した認知科学の論文や，作品の舞台に訪問する「聖地巡礼」とよばれる現象を，アニメ，ドラマ，映画，小説に分けて分析した論文などが上位にヒットしてきます。そこでこれらの論文を読んで，例えば後者について**図3-10**のようにワークシートをまとめていきます。

　このような活動を行うことで，Ａさんは元々の問いよりも，聖地巡礼の論文を読んで疑問に抱いた「映画の聖地巡礼後にネットで発信したくなる仕掛けは何か」に取り組んでみたいと思うようになるかもしれません。このように先行研究を読んでいくことで問いが変化することはよくありますが，これは「巨人の肩の上に立つ」ことができたよい結果だといえます。

　各自の関心にあった論文を読ませられれば，問いづくりは劇的によい方向に進みます。ぜひ，探究学習の世界を広げる支援をしてみてください。

論文の整理シート

■論文の出典

楠見孝, 米田英嗣 (2018). "聖地巡礼"行動と作品への没入感：アニメ、ドラマ、映画、小説の比較調査. コンテンツツーリズム学会論文集, 5, 2-11.

■背景

この研究の背景や意義	聖地巡礼と呼ばれる現象が社会現象になっている。
関連研究	物語理解と没入感の関係を調べた研究がある。米田（2010）は読みたい。聖地巡礼における作品世界への没入度には個人差がある。
問い＝目的	作品舞台の旅における旅行者の物語への没入感に対し、旅行者の個人差特性、訪問時の感情はどのように影響するのか。その影響はアニメ、ドラマ、映画、小説によって違いがあるか。

■方法（調査・実験・開発）

採用した方法の概要	調査。インターネット調査会社を使って、全国一般市民モニターを対象にインターネット調査をしている。
データの収集方法	作品舞台の旅の経験者800人に対して質問紙に回答してもらっている。視聴者没頭尺度や、"聖地巡礼"移入尺度、"聖地巡礼"感情関連項目、"聖地巡礼"行動項目、個人差項目などを使っている。
データの分析方法	各質問項目の回答の割合をグラフや表で示している。ジャンル別に分けて年齢や感情行動などの平均値比較や、分散分析をし、表にまとめている。また、相関分析や変数間の因果関係も分析している。

■結果

分析結果の概要	アニメの聖地巡礼＝年齢層低い、旅行前・中・後とも能動的、感動大。小説の聖地巡礼＝年齢層高い、訪問時の既知感が他より低い、既知感が没入に影響。懐かしさポジティブ傾向性と自分を登場人物に置き換える想像性が高いほど懐かしさと感動が喚起されて、作品への没入を深める。

■考察

考察	結果と類似しているため省略
課題や展望	今回の研究結果を観光に関わる産業や行政、地域振興に役立てる。

■この論文を読んで生まれた問いや感想

旅行後にネットで発信する割合が、アニメが高いのが面白かった。映画の聖地巡礼後にネットで発信したくなる仕掛けは何か、考えてみたくなった。

図3-10. 読んだ論文を整理するシートの記入例

4 その他の関連事例：VR・360度映像を使った問いの発想の刺激

　第3章2節や第3章3節で紹介した事例は，探究の問いづくりや推敲の促進に焦点を当てたものでしたが，そもそも何に対しても関心がない児童・生徒がいる場合はどうしたらよいのでしょうか。もちろん第3章3節で紹介したように，「家に帰ってよくしていること」「受験に役立ちそうなこと」を聞いて関心を言語化させる方法もありますが，EdTechを使って問いの発想を視覚的に刺激する方法もあります。

　それが，第2章でも紹介した「VR」や「360度映像」です。360度映像は，その名の通り360度を撮影できるカメラを使って空間ごと記録した映像のことを指します。YouTubeでも様々な風景の360度映像が公開されており，VR用のヘッドセットを使えば，自分が実際に顔を向けている方向の映像を見ることができます。スマホで視聴する場合は，指で映像の角度を変えることで360度見ることができます。

　近年では風景だけでなく，車内に水が入ってきた場合の状況を体験できる防災の360度映像や，自閉症の児童の世界を疑似体験できる360度映像など，教育的に開発されたものもYouTube上で複数公開されています。また，紛争地域の様子を360度映像と一緒に配信しているニュースなどもあり，文字だけのニュースに比べてリアルな疑似体験ができ，自分事に感じやすくなるものもあります。360度映像は教室や日常生活だと観察できないものも観察できるため，特に理数探究とは相性がよいといえます。

　探究学習のテーマは学習者個人に決めさせる方が望ましいですが，場合によっては先生がある程度の選択肢を提示し，その中からテーマや問いを決めさせる方が，1度目の探究学習の体験として有効なこともあります。

　そこで以降では，問いの発想を刺激する360度映像やVRを用いた授業づくりのヒントを紹介します。

　1つ目は，高校の「理数探究基礎」や「理数探究」の観察対象を拡張する

活かし方です。理数探究では，「観察，調査，実験」が重視されていますが，VRや360度映像はこの「観察」の対象を拡張させる効果があります。もちろん，自然観察や通常の映像を通した観察も効果的ですが，例えば学習指導要領解説で例示されている防災や自然災害のテーマに対しては，VRや360度映像を使うことで，安全に自然災害の様子を注意深く観察することができます。自然災害のトラウマを抱えている生徒への配慮は必要ですが，このように通常だと体験しにくい事象を観察することで，自分事に感じやすくなるだけでなく，理数探究としてより価値の高い問いが生まれやすくなるでしょう。防災を体験したり，自然災害を疑似体験したりできるVR映像，360度映像はYouTubeでも多く公開されているので，問いづくりの導入として利用してみてください。

　2つ目は，「総合的な学習の時間」や「総合的な探究の時間」の冒頭で，社会課題に関する関心を高める活かし方です。例えば，国際的に問題になっている社会課題を身近に感じさせることは難しいですが，VRや360度映像を使ってその場にいるような体験をさせることで，探究の問いの発想を刺激させることができるでしょう。このような授業実践については，経済産業省の「未来の教室」プロジェクトの実証事例の1つ「360度/VR映像を活用した国内外の社会課題の疑似体験教材の活用事例の創出と展開」が参考になります。詳細は以下のホームページから確認できますが，例えば，プラスチックごみと海洋汚染に関する360度映像を生徒に視聴させることで，問題意識が高まり，探究のテーマ設定につながったという報告されています。こちらも授業づくりの参考にしてください。

　経済産業省. 360度/VR映像を活用した国内外の社会課題の疑似体験教材の活用事例の創出と展開. https://www.learning-innovation.go.jp/verify/f0142/（参照日：2023年10月1日）

5 第3章のまとめ

　この章では探究の問いづくりを深める EdTech について論じてきました。ポイントをまとめたものが**図3-11**で，黒背景のものが紹介した EdTech です。ポイントを順に説明すると，以下になります。

●問いの発想を広げる
・学習者の関心を深掘りできる質問をしましょう
・VR や360度映像など，発想の刺激になる教材を見せましょう
●探究に合った問いにさせる
・各領域で一般的によいとされている問いの基準を提示しましょう
・学習者の関心領域に詳しくない場合は，詳しい先生を紹介しましょう
・論文検索エンジンを使って関心に近い先行研究を読ませましょう
●問いを推敲させる
・領域別に学校内でゼミを開き，お互いに推敲の意見を出させましょう
・領域の視点を提示する AI を使って問いを推敲させましょう

　同時に，問いづくりに EdTech を使う際には課題もあります。特に以下の2点に注意しましょう。

●信頼性や質の高い論文が得られるよう，論文の検索方法を工夫させる
●生成 AI が出す回答や因果関係は間違っている可能性があると伝える

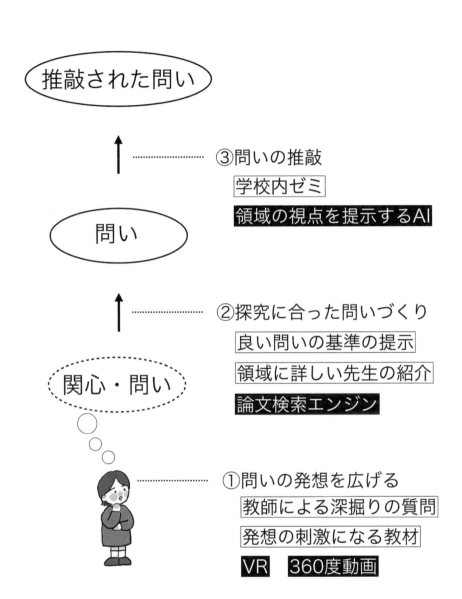

図3-11. 探究学習の問いづくりの支援方法と活用できる EdTech

探究学習の調査・実験・開発を広げるEdTech

池尻　良平

澄川　靖信

1 探究学習の調査・実験・開発に役立つ EdTech の概要

　探究学習における「調査・実験・開発」は，探究の問いに回答するにはどのような方法をとるのがよいのかを考え，実行するフェーズです。問いに回答できるよい方法を実行できた場合は面白い発見につながることが多いため，このフェーズがうまく進めば，一気に探究にのめりこませることができます。

　筆者が探究学習の講師をしている高校では，アンケート調査や実験を行って結果を図やグラフで見せる方法を取る生徒が多いですが，「調査」だけでも色々な種類がありますし，「開発」を行う方法もありえます。

　そのため，まずは自分が立てた問いに対し，調査・実験・開発のどれで回答するかを決める段階が必要です。一般的に，仮説が立てられない問いの場合は「調査」が向いており，仮説が立てられる問いの場合は「実験」が向いています。また，問題状況を改善する方法を思いついている場合は「開発」が向いています。

　ただし，どの方法を取るかについては，個人の好みや得意なスキルとの兼ね合いも考慮する方が望ましいといえます。例えば，アンケートで数値を分析するのが好きな学習者はアンケート調査（量的調査）が向いていますし，インタビューを通して新しい知を掘り起こすのが好きな学習者はインタビュー調査（質的調査）が向いています。また，開発については，工学的に何かを作ったり，プログラミングをしたり，デザインしたりするスキルがある学習者の方が円滑に探究学習を進められます。もちろん，やる気があれば背中を押すことが大事ですが，学習者がどの回答方法を取ろうか悩んでいる際は，このような観点も含めてアドバイスする方がよいでしょう。

　また，第1章で探究学習の各フェーズは往復することを述べましたが，回答方法を検討する中で，再度問いづくりのフェーズに戻って，実現可能な問いを検討し直す方がよいときもあります。ただし，時間的に何度もやり直しはきかないので，問いと回答方法の再検討は慎重に行う方がよいでしょう。

このようにしてどの回答方法を取るかが決まったら，実際にどういう手順で問いに回答していくかを詳細に考えていきます。

　「調査」を選んだ場合は，まず何を対象にして情報を収集するとよいのかを考えます。アンケート調査であれば，どの集団に対してデータを集めればよいのかを検討し，その対象者にどうアンケートを届けるかを考えます。例えば，「今の中学生は，どのような音楽を好む傾向にあるのか」という問いを立てた場合は，当然中学生に向けてアンケートを配らないといけません。これがもし「今の日本人は，どのような音楽を好む傾向にあるのか」という問いを立てた場合は，全日本人の性別や年齢の割合と同じ割合になるようにアンケートを配って回収する必要がありますが，一般的に児童・生徒でこのような大規模な調査を行うことは難しいといえます。そのため，アンケート調査をするのであれば，実際にアンケートできる範囲で，問いに含める対象を再検討する必要があります。また，平均値を分析するのか，何かの軸を設けて平均値の違いを分析するのか，自由記述の傾向を分析するのかなど，分析方法も決める必要があります。

　インタビュー調査であれば，インタビューすべき対象者を考え，実際にその条件に該当する人を調べ，アポイントメントを取っていきます。例えば，「図書館の学芸員は自身の専門性を何と考えているのか」という問いを立てた場合，近くの図書館を調べた上で，学芸員にアポイントメントを取るにはどうしたらよいのかを考えていきます。さらに，インタビュー調査の結果として，１人の発言内容をそのまま紹介するのか，複数人の発言内容をカテゴリにまとめて特徴を示すのかなど，分析方法を検討することも必要です。

　文献調査であれば，どの文献を収集対象にするのかを明確に決め，他の人も同じように収集できるように，収集方法を公開することが必要になります。例えば，「東日本大震災の時，被災者はどのようなことを不安に感じていたのか」という問いを立て，新聞を対象にデータを集めたいとします。その際は，どの新聞社を対象にするべきなのか，どの期間までを対象にするべきなのかを考え，その妥当性まで説明する必要があります。なお，文献調査は

「文献」に限る必要はなく，「音楽」や「映像」も対象になりえます。学習者の関心に合わせて，色々な調査対象がありえることを紹介することも大事です。また，収集したデータを量的にまとめていくのか，質的にカテゴライズしていくのかなど，分析の方針を決めることも必要になります。

　「実験」を選んだ場合は，最初に仮説を立て，その仮説を検証できる実験群と統制群をどう作るかを考えます。例えば，下調べで読んだ文献や経験則から「同じ映画であっても，レビューの得点が低いとその映画を見ようと思う気持ちが減退する」という仮説を立てたとします。この場合，例えば同じ学年の学習者をランダムに２つのグループに分け，実験群ではレビューの得点が低いという情報と一緒に映画情報を紹介し，統制群では映画情報だけを紹介した上で，最後にアンケートで映画への興味を５段階で回答させるという実験方法を取ることで，仮説の検証ができます。実験では一般的に数値で比較する方がはっきりとした検証ができますが，場合によっては自由記述の傾向が違うなど，質的に比較することもできます。分析方法も多様に設定できるため，問いの特徴と照らして検討させることが効果的です。

　「開発」を選んだ場合，問いとして立てた課題を解決できる開発物を作ることが求められます。例えば，より遠くに飛ぶペットボトルロケットを開発したり，身体や生活状況に関する情報をいくつか入力すると健康情報が出力されるアプリケーションを開発したり，地域の景観に沿った建築物をデザインしたりすることが挙げられます。開発の場合は，開発したものの仕組みなどを示しつつ，その開発物が問いに挙げた課題を解決するために有効だったかどうかを示せるデータが求められます。

　以上，様々な方法の流れを示してきましたが，特に「調査・実験」では多様な情報収集を支援することが重要です。情報収集については，既に収集されている外部データを独自の視点で集めるパターンと，自分で新しくデータを収集するパターンの大きく２つがあります。前者についてはデータをまとめた文献の活用が一般的でしたが，近年ではウェブ上の統計データ（例：「統計ダッシュボード」等）が使える場合もあれば，YouTube のランキン

グ上位の音楽を対象にすることもできます。さらに，Google Earth などを使って実際の土地の写真を収集することもできます。

　また，「調査・実験」では収集したデータを多様な方法で分析できるように支援することも重要です。一般的には，表計算ソフトを使ってデータの相関分析や有意差の検定を行うことが多いですが，例えば，テキストマイニングを使うことで，調査した質的なデータの傾向を可視的に分析することもできます。また，実験室で実験できないこと，例えば飛行機の飛び方や，軌道の計算などに対し，シミュレーションツールを使うことも有効です。

　「開発」では，学習者ができる開発・表現の幅を広げられる方法を紹介することが重要です。例えば，立体物をデザインできるソフトを紹介したり，プログラミングツールを紹介したりすることが有効です。

　つまり，高度な調査・実験・開発を促すには，情報収集や分析や表現を広げられる EdTech を導入することが鍵になるのです。以降では，授業で導入できるこれらの EdTech と，それを用いた授業案を以下の順番で紹介していきます。

2　先進的な授業例：GeoGebra を使った数学的な調査・実験・開発

3　明日からできる授業案：テキストマイニングを使った調査

4　その他の関連事例：Google Earth の写真を使った地理の調査

---

2 先進的な事例：GeoGebra を使った数学的な調査・実験・開発

教科	対象	狙い	活用する EdTech
数学	高校生	ICT を活用した数学の探究学習を行う	GeoGebra

　先進的な事例として紹介したいのは，2019年度に愛知県立旭丘高等学校の数学科の担当教員5名で高校1年生に対して行われた，ICT を使った数学の探究学習の授業です。具体的には，数学に関する問いや，日常生活と関連させた数学に関する問いをつくらせつつ，GeoGebra などの ICT を用いて調査・実験・開発をさせた授業です。

　愛知県立旭丘高等学校の数学科では，夏休み前後に数学に関する自由課題研究を実施し，冬休み前後では ICT を活用させた上で数学に関する自由課題研究を実施しています。同高校のホームページでは，自由課題研究でまとめられた生徒のレポート集が PDF で公開されており，多様なテーマが深く探究されていることがわかります。

　筆者はこれまで色々な高校の探究の発表を見てきましたが，一般的に探究学習のテーマは社会や理科，日常生活や心理に関するものが多く，数学の探究事例はあまり見かけません。そのため，愛知県立旭丘高等学校の数学科の事例は，数学における探究の可能性を広げてくれる先進的な事例といえます。

　そこで以降では，当時の担当教員の1人である田中紀子先生（現 奈良学園大学 講師）へのインタビュー内容も交えながら，この授業の特徴を紹介していきます。なお，本節で紹介する EdTech は GeoGebra のみですが，この授業では GRAPES やスマートフォンの描画ツールなども紹介されています。

① 授業の紹介

教科 高校「数学科」

授業の目標

　コンピュータなどの情報機器の活用によって，生徒が数学の有用性を感じ，興味・関心を高め，数学を用いることに楽しみを見いだす。また，数学的な見方・考え方の広がりを促したり，答えのない問題に挑む力や創造性，探究力を育んだりする。

授業の構成

　この授業は，**表4-1**の流れで進んでいきます。1時限目では，先生が数学の探究課題を例示しつつ，その探究課題例と関連させた GeoGebra などの ICT の使い方を解説します。生徒は冬休み期間を利用しつつ，各自で数学に関する探究のテーマと問いを決め，GeoGebra などを用いて調査・実験・開発を行い，その結果をレポートにまとめます。冬休み後の2～3時限目では，10人ずつのグループに分け，レポートを実物投影機で映しながら互いに発表しあいます。発表内容に関しては，自己評価に加えて生徒同士での他者評価も行い，振り返りの機会も設けられています。

時限	フェーズ	各授業の目標
1	問いづくり 調査・実験・開発の解説	探究課題の例示 ICT の使い方の解説
冬休み	問いづくり 調査・実験・開発	生徒による数学に関する問いづくり ICT を用いた調査・実験・開発
2・3	発表・議論	発表と議論 自己評価と他者評価

表4-1. 数学の探究の授業の流れ

[1時限目の授業]

1時限目の授業の詳細な流れを示したものが**表4-2**です。

まず冒頭の10分で，今回の数学の探究課題の概要とルールについて説明します。課題の説明は，**図4-1**のようにプリント1枚に課題のルール，探究例，評価のフレームワーク（ルーブリック）がまとめられています。

このプリントには，注目すべき箇所がいくつもあります。まず注目すべきは，探究の条件として「数学に関してコンピュータを用いた課題探究を行う」という制約をつけている点です。一般的にEdTechを用いることで，通常ではしにくい調査・実験・開発を行うことができますが，これを必須条件にすることで，夏休み前後に行った自由課題研究とは違う方法を使った探究を体験させることができます。探究は螺旋的に進むことを第1章でも紹介しましたが，探究のレベルを上げていく理想的なカリキュラムだといえます。

また，数学に関してコンピュータを用いた課題探究のイメージを具体化するために，「幾何」や「データの分析」や「関数」といった数学の分野別に，実際に先生自身がICTの活用方法も含めた探究例を挙げています。これは探究を促進させる上で非常に有効な方法といえます。

時間	活動	用いる教材
10分	探究の課題の説明	数学の探究の課題をまとめたプリント
20分	GeoGebra の操作方法の解説と実演	GeoGebra の使い方のプリント
20分	Excel や GRAPES や Desmos の操作方法の解説と実演	他の ICT ツールの使い方のプリント

表 4-2. 探究課題の例示と ICT の使い方の解説の授業展開（1時限目）

1年生　SS数学　課題学習について

　冬休みの課題学習として、数学に関して**コンピュータを用いた課題探究**を行う。エクセルやGeoGebra、Grapesなどを利用して、グラフや図形等に関する考察を行うこととする。

- 裏面の記入例の書式を参考に作成し、全体で1～2ページにまとめる。
- Wordなどでまとめてもよいし、手書きでまとめてもよい。
- 提出物にGeoGebraやGrapesで作成したグラフや図形を貼り付ける。
- **提出は、冬休み明け最初のSS数学Sの授業。**
- 研究テーマについては特に制限を設けないが、以下に例を挙げておく。自由な発想で探究しよう。
- インターネットから引用したグラフや図形は認めない。

探究例
【幾何】
- GeoGebraを利用して△ABCの垂心H、外心O、重心Gを作図し、H.O.Gの位置関係を考える。(別紙プリント<<学習活動 1>>参照)
- GeoGebraを利用して、算額にあるような三角形に円が内接するなどの図形問題を描き、それを解く。
- Grapes3Dを利用して、図形の回転体を描き、その体積を考える。

【データの分析】
- 名古屋と〇〇都市の降水量を調査し、エクセルを用いて散布図を描いたり相関係数を求めたりする。

【関数】
- Geogebraを用いて$y=x^2-6x$ ($1\leqq x\leqq a$)を描き、最大値、最小値を観察する。(別紙プリント<<学習活動 2>>参照)$y=x^2-cx$のグラフではどうなるかを観察する。
- $y=x^n$のグラフを描いて、nの値によってグラフがどのように変化するかを調べる。
- Grapesを用いて、三角関数のグラフを描き、その性質について調べる。(多項式のグラフで近似する。)
- 様々な関数を用いて、グラフィックアート(名古屋城、ドラえもんなど)を描く。

次のフレームワークを参考にして、提出物を評価します。

「課題学習」に関するフレームワーク	Developing	Competent	Excellent
テーマ	工夫せず、探究した内容にフィットしていない。	工夫があり、探究した内容をうまく表している。	工夫があり、探究した内容をうまく表しているとともに、興味を引くテーマになっている。
内容	得られたデータやグラフ、図形をどのように処理してよいのかわからない。適切な処理や解釈・表現ができていない。	データやグラフ、図形を描いただけでなく、個人における探究が書かれている。また得られたデータやグラフ、論理等の探究内容について、分かりやすくした解釈・表現になっている。	データやグラフ、図形についての探究活動が工夫して行われている。得られたデータやグラフ、論理等の探究内容について、適切な解釈・表現ができている。
結果・考察	主張や論拠の結びつきに誤りを含んでいたり、考察が曖昧で、論理が飛躍したり意見・感想に終始していたりする。	概ね正しい主張となっていて、探究した事柄に対する考察が書かれている。	論理的かつ客観的な考察を行い、他者が興味を持つ内容がまとめられている。

図4-1. 数学の探究の課題についてまとめたプリント（田中紀子先生提供）

図4-1の下には評価のフレームワーク，つまり評価の観点ごとに具体的な基準を示したルーブリック表を載せていますが，事前に評価基準を示すことは探究学習の質を高める上でも効果的です。これを参照することで，生徒は自分１人でも今の探究の到達度をチェックすることができ，さらにもう一歩高みにチャレンジするきっかけにもなります。

　また，課題をまとめるＡ３のプリント１枚も配ります。このプリントには，「抄録」，「1. 研究の背景と目的」，「2. 方法（内容）」，「3. 結果・考察」，「4. 結論（なくてもよい）」，「5. 参考文献」の章タイトルだけ記載されており，書く際のバランスのイメージが掴めるようになっています。なお，１枚を超えてもよいとされています。

　その後，15分から20分程度で，GeoGebra などの操作方法をまとめた８枚程度のマニュアルのプリントを配り，操作方法の説明を行います。**図4-2**のように，プリントには GeoGebra のインストールの仕方や画面やアイコンの説明だけでなく，実際に作図する際の手順や，学習活動例が複数載っています。例えば「幾何」の学習活動例では△ ABC の垂心 H，外心 O，重心 G を作図する方法と実際の例が，「関数」の学習活動例では**図4-3**のように２次関数の x 軸の範囲を変更して最大値や最小値の変化を観察する方法と実際の例が載っています。また，先生は生徒と一緒に，「三角形はこうやって描いて，垂心はこうやって描いて，円はこういうふうに描くから，外接円の中心になることがわかりますね」というように，手順を示しながら一緒に操作させ，生徒の習熟度を高めていきます。

　その後，他の ICT ツールとして表計算ソフトの Excel や，関数グラフの作成ソフト GRAPES やグラフ計算機の Desmos なども20分程度で同様に紹介し，数学的な探究に向けて色々な方法が取れるようにしています。

　この授業の後は，各生徒で数学に関する問いを設定し，各自で冬休みの間に探究を進めることになります。なおこの時期は，１人１台のタブレットが配布される前だったため，家にパソコンやプリンタがない場合は事前に相談してもらい，コンピュータ室を開けるといった対応が取られています。

GeoGebra 速習手引き

iOS, Android, Windows, Mac, Linux にインストール可能。操作は、アイコンによる直感的操作と仮想キーボードへの入力とで完結している。（OS によって、具体的な操作は若干異なる）

※ダウンロードサイト　https://www.geogebra.org/

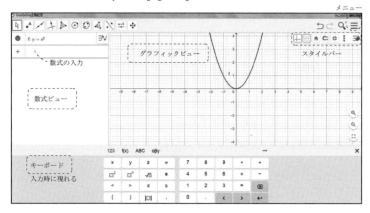

グラフィックスビュー

- グラフィックスビューに図形を描くと、数式ビューにその図形の方程式が表示される。
- **表示範囲の移動**は、「オブジェクトの移動ツール」🔺 で、空白をドラッグする。
- **表示範囲のズームアウト、ズームイン**は、マウスホイールの上下で行う。

  ※「ホーム」🏠 をクリックまたは Ctrl-M で初期状態の表示範囲と縮尺に戻る。

- **軸やグリッドの表示／非表示**は、グラフィックスビューを右クリックで開くメニューから。

  ※グリッドが表示時には、グリッド付近を指定すると自動的に格子点を選択したものとみなされる。

アイコン

※　ツールボックスのアイコンを選択すると画面の下部に、操作内容がアシスト表示される。

また、新規オブジェクトを作成すると、新規の関連するツールボックスが現れる。

※　アイコンの表示は、赤く表示された点や線が作図されることを意味する。

図4-2. GeoGebra の操作方法をまとめたプリント１（田中紀子先生提供）
（プリント内の GeoGebra の画面は GeoGebra® のもの）

2　関数のグラフ

○ $x^2 + 3x + 2$ などと入力すると、自動的に f(x)と名付けられ、グラフィックビューに表示される

※ $ax^2 + bx + c$ など、パラメータを含む式を入力する際には、 スライダーを作成 というボタ
ンが表示されるのでクリックし、「スライダー」を作成する。

（アイコン 📊 を用いて作成することもできる）

○スライダー上のボタンを移動させるとグラフが連動して変化する。

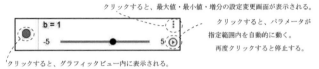

クリックすると、最大値・最小値・増分の設定変更画面が表示される。

クリックすると、パラメータが
指定範囲内を自動的に動く。
再度クリックすると停止する。

クリックすると、グラフィックビュー内に表示される。

<<主な機能の紹介>>

① f (x)＝0 の解を表示させるには、点→根→グラフをクリック

② 極大・極小を表示させるには、点→極値→グラフをクリック

③ y＝f(x)、y＝g(x) の交点を表示するには、点→交点→交点をクリック

④ y＝f(x) の接線を表示するには、垂線等→接線→接点と関数をクリック

※ グラフィックビューには、点や直線が、数式ビューには座標や方程式が表示される。

┌ <<学習活動例2>>
│　［Ⅰ］　2次関数 $y＝x^2－6x$、領域 $1≦x≦a$ を図示し、スライダーを $1≦a≦7$ に設定して
│　　　　　$y＝x^2－6x$ $(1≦x≦a)$ の最大値や最小値の変化を観察する。
│　［Ⅱ］　最大値 M(a)、最小値 m(a) を a の式として記述する。
└

① （数値ビューアーへの入力）
　　$y＝x^2－6x$、$x＝1$、$x＝a$ を入力
　（直線のスタイルは点線、太さ3）
② （数値スライダーの設定変更）
　　数値 a のスライダーを右クリッ
　　クして設定を選択して変更
③ $y＝x^2－6x$ と $x＝1$、$x＝a$ との
　　交点 A、B を作図（A は赤、B
　　は青で、スタイルはサイズ6）
④ （頂点の表示）
　　📊 → 極値 → 放物線を選択
⑤ $1≦x≦a$ を入力（領域の色
　　を淡色に変更）
⑥ スライダーを手動で、あるいは自動で動かし、頂点や区間端の y 座標の大小を観察する。

図4-3. GeoGebra の操作方法をまとめたプリント2（田中紀子先生提供）
（プリント内の GeoGebra の画面は GeoGebra® のもの）

［２時限目・３時限目の授業］

　２時限目と３時限目では，10人程度でグループを組み，１人５分程度で探究した内容を発表していきます。その際，**図4-4**の評価シートを配り，生徒による評価を，主に研究内容とプレゼンの２つの観点で行わせます。

　一方で先生は，授業後に各クラスの成果物を確認し，課題説明の際に示していた評価のフレームワークに沿って評価していきます。また，数学科の全教員で各クラスから４つ程度優秀なものを選びます。学年全体で選んだ合計27本の優秀な探究のレポートは，冊子にまとめて各クラス２冊置くことに加え，電子データを高校のホームページにも載せています。

　2019年度の冊子の PDF も，高校のホームページでアップロードされています。詳細は以下の URL（https://asahigaoka-h.aichi-c.ed.jp/ssh/SSsuugakuSkadaikennkyu.pdf）を入力すれば確認できますが，この後に紹介する学習事例の他にも，例えば「人の手の関節の曲がり方〜100人のデータを通して〜」という探究学習や，「オイラー円について」というタイトルで円の中心は式で表せるかを考察している探究学習など，興味深いものがたくさん挙げられています。このように，お手本になる探究事例を学年全体で共有することで，発表したグループ以外の様々な探究を知る機会にもなり，今後再度数学の探究学習を進める際の視野を広げる効果も見込めます。

該当する記号に〇をつけましょう。 aよい bふつう cもう一歩 a 3点、b 2点、c 1点　で得点し、右に合計得点を入れ、最後に総合計をしましょう。			合計	総合計
（　　　　　　　　　　　　　　　　　　　）さん				
1	1）	テーマについて（題名が内容と一致しているか、興味がわく題名か） a　　　　b　　　　c		
	2）	研究内容について（背景と目的/方法/結果・考察） a　　　　b　　　　c		
	3）	資料のできばえ（表現）について a　　　　b　　　　c		
2	1）	プレゼンについて（説明の分かりやすさ） a　　　　b　　　　c		
	2）	プレゼンについて（発表者の態度・質問への答え） a　　　　b　　　　c		

図4-4. 生徒同士で評価するための評価シート（田中紀子先生提供）

② 活用した EdTech の機能

GeoGebra は，幾何学，代数学，表計算，グラフ作成，統計学，微積分を１つのエンジンにまとめた数学ソフトウェアです。非営利であればウェブ上で誰でも自由に利用でき，以下の URL からアクセスすることができます。GeoGebra｜https://www.geogebra.org/about?lang=ja

GeoGebra は，**図4-5**のような画面構成になっており，関数を入力することでグラフを描けたり，**図4-6**のように空間図形を描いたりすることができます。また，**図4-7**のように，世界中の人が提供した教材集も見ることができます。例えば「幾何」のカテゴリの教材として，立方体の切断面に関するワークシートが公開されています。

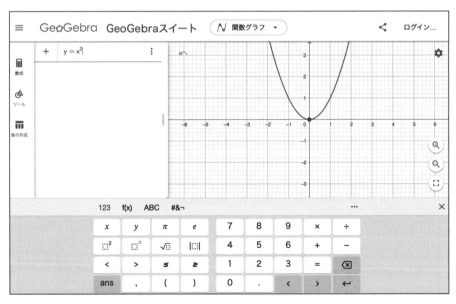

図4-5. GeoGebra の関数グラフに関する画面
(GeoGebra® の https://www.geogebra.org/calculator より画面を作成)

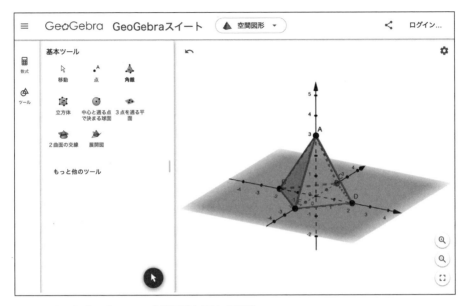

図4-6. GeoGebra の空間図形に関する画面
（GeoGebra® の https://www.geogebra.org/calculator より画面を作成）

図4-7. GeoGebra の教材集の画面
（GeoGebra® の https://www.geogebra.org/materials より画面を転載）

③ 実際の学習事例

　では次に，優秀な数学の探究に選ばれたもののうち，調査系のもの，実験系のもの，開発系のものを1つずつ見ていきましょう。

　1つ目は，クローゼットの折り戸の通過面積を調査的に計算する探究事例です（**図4-8**）。この生徒は「家のクローゼットが折り戸になっていて，開くのにどれだけの広さが必要か気になったから」という理由で問いを設定しています。このテーマは理数探究の学習指導要領解説の例にも載っている比較的スタンダードなものですが，この生徒自身が数学的な視点で日常生活を見た上で問いづくりをしている点が重要です。その上で，GeoGebra の作図機能を使って動き方を可視的に示し，面積の計算式を書いてレポートを作成しています。GeoGebra の作図ツール機能を効果的に使い，数学的な調査をしている好例といえます。

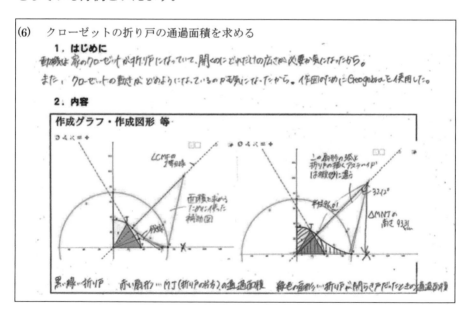

図4-8. クローゼットの折り戸の通過面積を求める探究のレポートの一部
（画像は田中（2021）に掲載されたものを転載）

2つ目の事例は，バスケットボールのシュートの軌跡を実験的に計算する探究事例です（**図4-9**）。この生徒は，元バスケットボール部かつバスケットボール漫画が好きで，数学的な探究のテーマとしてシュートの軌跡に焦点を当てています。さらに，バスケ漫画に出てくるスーパーシュートに注目し，実際にあったらどのような軌跡になるかという問いを立て，GeoGebra を使って軌道や速度を実験的にシミュレーションし，計算結果を出しています。

　この探究学習は先生からの評価も高く，特に当時学習したばかりの三角関数を使って分析したり，グラフ化したりしている点が高く評価されていました。自身の日常生活だけでなく，関心のある題材をもとに問いを立て，数学と絡めながら GeoGebra を使ってシミュレーションの実験をしている，興味深い事例といえます。

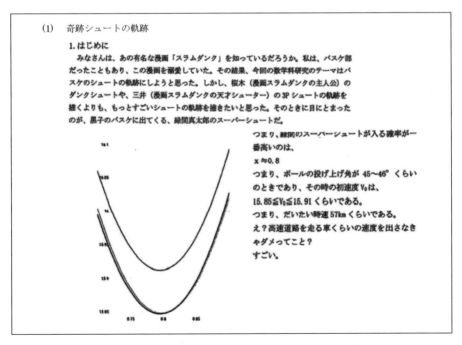

図4-9. 奇跡シュートの軌跡を求める探究のレポートの一部
（画像は田中（2021）に掲載されたものを転載）

3つ目の事例は，設計図をもとに家を立体にするという開発的な探究事例です（**図4-10**）。この生徒は，自宅の平面的な設計図に対し，GeoGebra の立体作図の機能を使えば立体的に描けるのではないかという点に興味を持ち，実際に立体図を描いています。

　この探究学習も先生からの評価が高く，特に，平面上で数学的な分析を行っている生徒が多い中，立体の機能を使って数学的に表現している点が評価されています。探究というと，調査や実験を通して面白い発見をしているものが高く評価されるイメージを持っている読者が多いかもしれませんが，「開発」や「表現」を高く評価できる点は，探究学習のよさといえます。

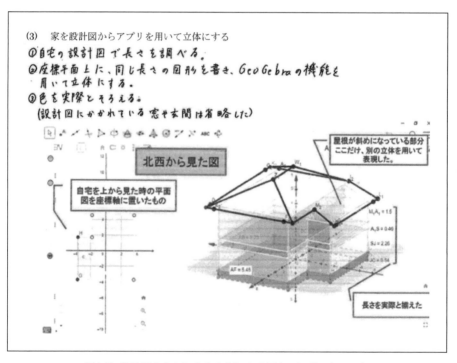

図4-10. 設計図をもとに家を立体にする探究のレポートの一部
（画像は田中（2021）に掲載されたものを転載）

この点について田中紀子先生は，以下のように話されています。

　「GeoGebra の機能として，立体を描こうとしてくれた人は多くなかったんで，そういう意味で視覚的に他者へ（伝える）『表現』のところにウェイトがあるというか。『分析』じゃなくて。そういうところは評価されるところかなというふうには思いますね。…こういう立体を描けましたっていうのを，数学の中で評価するところってほとんどないんですよ。要は例えばテストで，こういうものが描けますみたいなのを評価するとこってないんですよね。この問題を解いて答えが出ますっていうことは評価するけれども，例えばさっきの（バスケット漫画）で，こういう曲線になりましたっていうようなのは，もしかしたらそういう文章題を出して，そういう曲線が描ければ，最大値がこうですみたいな問題は作れるかもしれないけれども，こういった設計図だけからは読みにくくて，GeoGebra で一体化しましたみたいなものを評価してあげる場面って，今の算数・数学教育の中でないんですよね。そういう意味でも要は珍しい視点でやってくれたっていうとこはあって。どこからも，今の教育課程の中で，例えば知識・技能，思考・判断・表現，主体的に学習に取り組む態度の中で，評価をしてもらえる場面がないものではあって，…数学科としては非常に高く評価したってとこはあります。」

　今の社会において「表現」は非常に重要です。どれだけよい分析や実験をしたとしても，数式だけで発表をすると数式がわかる人にしか伝わりません。これに対し，今回の3人のレポートは，高校のホームページに上がっているレポートを見ていただければわかりますが，どれもしっかりした計算式を展開しつつも，グラフや立体図など表現面の工夫もされていました。そして，この表現力に一役買ったのが GeoGebra なのです。このように多様な表現ができる EdTech は，特に開発系の探究の幅を広げる力を持つといえるでしょう。

④　明日からの授業で組み込む際のアドバイス

　今回紹介した授業事例からは，EdTech を使って調査・実験・開発を広げる際のヒントがたくさん詰まっています。ここでは，それらの中でも効果的だと思われる２つにポイントを絞ってアドバイスをまとめたいと思います。

　１つ目は，EdTech を使うとどんな調査・実験・開発ができるかを，探究例と「セット」で教えるのが効果的だということです。調査・実験・開発の幅を広げる EdTech を使うことは，探究学習自体の幅を広げることにつながります。前述したように，筆者がこれまで見てきた高校の探究学習では，アンケートアプリを使ってアンケート調査をし，グラフ機能を使って結果を発表するという高校生が多い傾向にありました。この現象は，探究の「方法」としてアンケートアプリという選択肢しかないために起きている可能性が高いと個人的には感じています。つまり，探究の問いをうまくつくれても，回答方法の制約に影響を受けて，探究自体の幅が狭くなっているのではないかと感じているのです。それに対し，今回紹介した数学の探究の事例では，授業の冒頭に GeoGebra などの使い方をプリントで丁寧に解説しつつ，それを使ってできる探究の例も示しています。この，「EdTech」と「数学の探究例」を「セット」で具体的に教えることが肝です。これを事前に先生がたくさん考え，具体例をプリントで示したり，実演したりすることで，生徒の問いに対する回答方法の選択肢の増加につながり，ひいては多様な探究学習につながるのです。

　２つ目は，探究の調査・実験・開発のよい事例をまとめ，学習者に共有することで，その後の探究学習の視点を広げさせる支援を行うということです。今回の授業事例では，優秀な探究学習を冊子にまとめて教室に置くだけでなく，PDF でも公開していました。これが蓄積すれば，調査・実験・開発の視点はどんどん増えていきます。EdTech と探究例のセットについては，最初は先生自身でつくって共有することが大事だと述べましたが，一度探究学習のカリキュラムがうまくまわり始めたら，ぜひ児童・生徒のよい事例や

面白い事例を足していき，探究例の幅を広げてみてください。

　最後に，数学で探究をしようとしている先生へのアドバイスを田中紀子先生からいただきましたので，それを紹介してこの節を締めたいと思います。田中紀子先生は，デジタル時代の「読み・書き・そろばん」は「数理・データサイエンス・AI」になっていると話します。実際，「情報」が大学入学共通テストに入ってきたり，小学校ではプログラミングの授業が入ったりしています。そしてこのような社会になっている今こそ，数学的な資質・能力，特に数理科学の重要性が高まってきていると話します。つまり，「数理・データサイエンス・AI」が重視される社会では，EdTech を使って統計分析をしたり，数学的な表現をしたりする探究の位置付けが重要になってきているのです。まずは先生自身が実際に ICT 機器を使ってみて，探究にチャレンジしてみましょう，そして子どもの探究に寄り添ってみましょう，というのが田中紀子先生からのアドバイスです。

　最後になりますが，貴重なお話を聞かせていただいただけでなく，資料まで共有いただいた田中紀子先生，ならびに愛知県立旭丘高等学校の数学科の担当教員の皆様に厚くお礼申し上げます。

③ 明日からできる授業案：テキストマイニングを使った調査

教科	対象	狙い	活用する EdTech
総合的な学習の時間（防災領域）	中学生	収集した文字データを分析する	テキストマイニング

　明日からできる授業案として紹介するのは，文字データを可視的に分析するテキストマイニングを用いた授業案です。「テキストマイニング」とは，文章から有益な情報を抽出する技術の総称ですが，これを用いることで，質問紙で収集した自由記述のデータの傾向を分析できたり，既存の文章データを比較して共通点や相違点を分析したりすることができます。テキストマイニングは，5件法で回答させて平均値を出すような量的な質問紙調査と比較すると，質問紙作成者の観点では気付けないデータを得やすくなるメリットがあります。

　以降で紹介するのは，中学校3年生を対象にした「総合的な学習の時間」において，地域の防災意識に関する調査を行い，テキストマイニングを使って分析する10時限の単元案です。授業案の紹介は，質問紙を使った調査と分析を支援する部分に焦点を当てます。

① 授業案の紹介

教科　中学校「総合的な学習の時間」（防災領域）

単元名　地域に向けたよりよい防災対策を提案しよう

単元の目標
　地域の自然災害と防災対策を理解する。地域の防災意識を調査するための問いをつくり，情報を集め，整理・分析する。地域の防災意識に関する特徴

と課題をまとめ，地域に向けたよりよい防災対策の提案を表現する。

単元の構成

　この単元は，**表4-3**のように進めます。１〜２時限では，地域の自然災害と防災対策を知り，それらを踏まえて地域の防災意識を調査するための問いをつくります。対象学年を考慮し，ここではグループで１つの問いをつくる形式にします。なお，この単元では探究の方法を，質問紙を使った「調査」に限定し，調査に適した問いに推敲させます。３時限目で質問紙の作成方法と，テキストマイニングを含む分析方法を解説し，４〜５時限目に質問紙を作成します。６時限では質問紙を配布・回収し，７〜８時限でデータを分析します。９〜10時限では調査してわかった地域の防災意識の特徴や課題をまとめ，地域に向けたよりよい防災対策を提案します。

時限	探究のフェーズ	各授業の目標
1	問いづくり	地域の自然災害と防災対策の理解
2	問いづくり	調査の問いづくり・問いの推敲
3	調査	質問紙の作成方法と分析方法の解説 （テキストマイニングを含む）
4	調査	質問紙の作成
5	調査	質問紙の作成
6	調査	質問紙調査
7	調査	データ分析
8	調査	データ分析
9	発表・議論	発表準備
10	発表・議論	発表と議論

表4-3. 地域に向けたよりよい防災対策を提案する探究の単元例

［3～5時限の調査準備の授業案］

　3～5時限の防災意識の調査準備に関する授業の流れを示したものが**表4-4**です。ここでは，質問紙の作成方法と分析方法を理解し，質問項目を考案して質問紙を準備することが目標です。

　3時限目の冒頭では，2時限目に各グループがつくった調査の問いを共有します。例えば32人クラスで4人グループを組んだ場合，8つの調査に関する問いが出てきます。「巨大地震が起きた際，どのようなことに不安を感じるか」，「大雨特別警報はどの程度正確に理解されているのか」，「避難指示が出た際，高齢者は誰にどのような支援をしてほしいか」など，その地域で起きやすい自然災害において，よりよい防災対策につながる多様な調査の問いがつくられていることが望ましい状態です。

　次に，質問紙の作成方法の解説を行います。質問紙は従来，紙に印刷して配布する手法が一般的でした。この方法は，質問紙の作成者と回答者が顔を

時間	活動	用いる教材
5分	各グループの問いの共有	Google スライド
10分	質問紙の作成方法の解説	Google Forms など
15分	質問紙の分析方法の解説：平均値による分析，グラフ化	Google スプレッドシート など（表計算ソフト）
20分	質問紙の分析方法の解説：テキストマイニング	マニュアル，「AI テキストマイニング」など
50分	対象者・配布方法・質問項目の検討	Google Forms など
30分	ウェブアンケートの作成	Google Forms など
20分	回答しやすいか，回答データが取得できるかのチェック	Google Forms など

表4-4. 防災意識の調査準備の授業展開（3～5時限目）

合わせることが多いため，信頼関係を結んだ上で回答に協力してもらえるメリットや，ICT に慣れていない人でも回答しやすいメリットなどがあります。一方で，配布と回収に手間がかかること，手書きで回答された質問紙を手でデータ入力する手間もかかること，ICT に慣れている回答者にとっては紙で回答する方がやりにくく感じるなどのデメリットもあります。そのため，筆者が講師をしている高校では，ウェブのアンケートフォーム（Google Forms や Teams Forms など）を利用して質問紙調査を行うことが増えています。今回の単元案では，地域の色々な人に調査を依頼することになるので，Google Forms を使ってアンケートを作成します。

　Google Forms などを使ったアンケートの作成手順については割愛しますが，注意するポイントが 3 つあります。1 つは，アンケートの冒頭で，**図 4-11** のように「質問紙の作成者」，「調査の目的」，「収集したデータの取り扱い方」などの基本情報を記載することです。おおよその回答時間も記載しておくと，安心して回答してもらえるようになります。

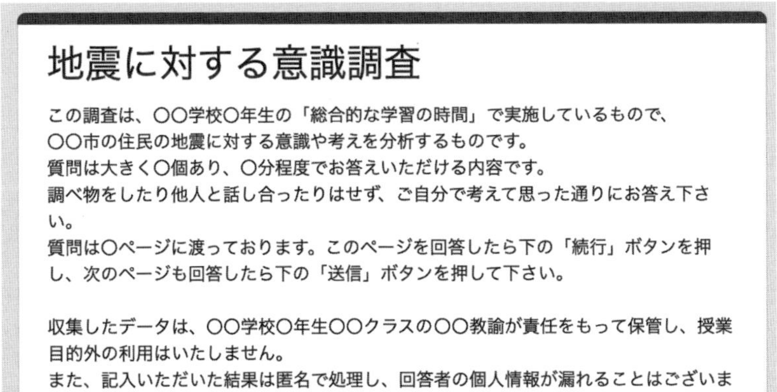

地震に対する意識調査

この調査は、〇〇学校〇年生の「総合的な学習の時間」で実施しているもので、〇〇市の住民の地震に対する意識や考えを分析するものです。
質問は大きく〇個あり、〇分程度でお答えいただける内容です。
調べ物をしたり他人と話し合ったりはせず、ご自分で考えて思った通りにお答え下さい。
質問は〇ページに渡っております。このページを回答したら下の「続行」ボタンを押し、次のページも回答したら下の「送信」ボタンを押して下さい。

収集したデータは、〇〇学校〇年生〇〇クラスの〇〇教諭が責任をもって保管し、授業目的外の利用はいたしません。
また、記入いただいた結果は匿名で処理し、回答者の個人情報が漏れることはございません。
この調査に関するご質問がございましたら、以下までご連絡ください。
作成者：〇〇〇〇
連絡先：〇〇〇〇

図4-11. ウェブアンケートの冒頭に記載する情報の例

次に，質問項目の作成方法を解説します。質問項目については，分析方法と対応させて大きく2種類のつくり方があることを説明します。1つ目は，回答した数値をもとに平均値や割合を分析する際に向いている評定尺度法です。評定尺度法とは，名前の通り，質問項目の内容に対して尺度に沿って評定をする回答方法です。尺度は「リッカート尺度」を使うことが多いです。例えば，「在宅中に巨大地震が起きた際，どこに避難したらよいかわかっている」という項目に対し，5件法だと，「1. あてはまらない」，「2. ややあてはまらない」，「3. どちらともいえない」，「4. ややあてはまる」，「5. あてはまる」などで回答する形式です。他にも「あてはまる」以外に「そう思う」を使う形式もあります。肯定的なものと否定的なものの表現が対称的になるようにすることがポイントです。また，「どちらともいえない」を入れると，回答結果がこれに集中する場合があるので，これを入れない4件法で質問する場合もよくあります。ウェブのアンケートフォームの場合，回答データは自動で集計されるため，「あてはまる」〜「あてはまらない」を「4」〜「1」の数値に変換して平均値を出したり，割合をグラフにまとめるという方法も教えておきます。

　2つ目は，自由記述での回答方法と分析方法についてです。自由記述の分析方法については，内容によってカテゴリに分けて分析する方法や，特定の基準を決めて記述内容がどの段階に該当するかをコーディングする方法などがありますが，ここでは特にテキストマイニングの手法について解説します。テキストマイニングの詳細は後述しますが，ここではテキストマイニングでできる単語の頻度分析や，共起ネットワークの分析の紹介をおすすめします。後述する User Local 社の「AIテキストマイニング」の画面をプロジェクタで前に出し，サンプルテキストを使って，どのような分析結果になるかを直接見せながら解説するとよいでしょう。テキストマイニングの解説後は，探究の問いに関連させつつ，具体的にどういう質問項目を用意して文章で回答してもらいたいかを考えます。例えば「巨大地震が起きた際，どのようなことに不安を感じるか」を探究の問いにしているグループの場合は，**図4-12**

のように「巨大地震が起きた際に発生する問題のうち，どのようなことに不安を感じますか。3つまで書いてください」という質問項目をつくれば，この地域の人が不安に感じていることを収集できるでしょう。

　4時限目では，質問紙を配る対象者と，配布方法を考えます。例えば，「巨大地震が起きた際，どのようなことに不安を感じるか」という探究の問いをつくったグループの場合，その地域の幅広い年代を対象者にする方が望ましいため，同じクラスの友達やその保護者・親戚に対し，ウェブアンケートの URL や QR コードを送って回答してもらえれば，ある程度の年代をカバーすることができるでしょう。その上で，質問項目を考えていきます。まず，幅広い年代を対象者にするのであれば，年齢を質問する項目を入れた方がよいでしょう。その他，グループの関心によっては，性別や職種などを質問項目に入れる必要があるかもしれません。対象者に加え，どのような分析をするとよいかをイメージさせながら，質問項目を細かく詰めていくことがポイントです。

　5時限目では，実際にウェブアンケートを作成し，きちんとデータが取れるかを確認したり，回答しにくい質問項目がないかを確認したりします。

　問題なければ，6時限目にウェブアンケートを対象者に配布し，7～8時限で収集したデータの特徴を分析し，そこから見える地域の防災に関する課題や，地域に向けたよりよい防災対策を考察します。9～10時限では，それらを発表し，多面的に議論して提案をまとめていきます。

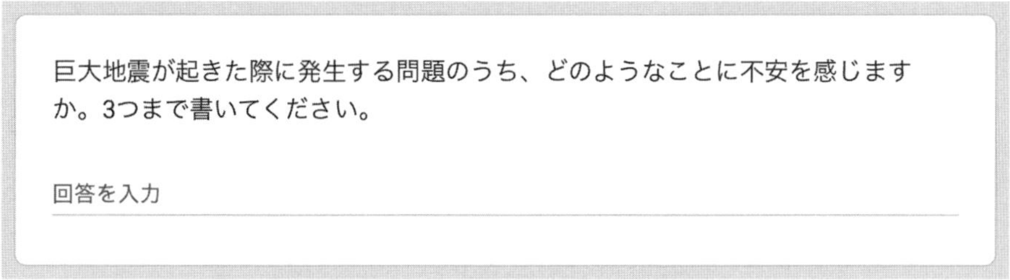

巨大地震が起きた際に発生する問題のうち、どのようなことに不安を感じますか。3つまで書いてください。

回答を入力
_____

図4-12. 自由記述式の質問例（画面は Google Forms）

② テキストマイニングの仕組みの解説

　テキストマイニングは，文章データから有益な情報を発見するための手法の総称になります。「テキスト」は「文章」，「マイニング（mining）」は「採掘」を意味します。一般的には，「採掘」は地下から鉱物などの資源を掘り出すことを意味しますが，この掘り出す場所として「文章」に注目し，資源となるような有益な情報を発見することを目的としているので，「マイニング」という単語が使われています。

　テキストマイニングとして広く活用されているものとしては，文章を構成する特徴的な単語を発見するものや，一緒に使われる単語の組み合わせを求める共起解析があります。ここでは，次の3つの文章から特徴的な単語を発見する方法を例に考えましょう。

1. この作品では，主人公が途中で踊り始め，とても驚いた。
2. 私が行った実験では，ボールが落下するまでの平均時間は4.3秒だった。
3. 覚えるべき英単語の数が5000もあって大変だった。

　これらの文章それぞれの特徴的な単語はどれになるでしょうか。「作品」「実験」「英単語」はそれぞれの文章を表していると考えられます。一方，「の」「，」「。」といった文字はすべての文章に共通しているため，どの文章に対しても特徴的だとは言えないでしょう。つまり，文章ごとの特徴的な単語を求める方法も，第2章で述べた単語の出現回数を求める方法が使用できます。この比較する文章を，データベースに蓄積しているものとウェブサイトなどから取得できた最新のものに変更すると，最新のトレンドが解析できます。

　共起解析も，同じ文章で一緒に使われることが多い単語の組み合わせを出しているだけなので，段落区切りや一文といった区切りを指定し，「の」「，」「。」といったどのような文章でも出現する単語を除いた後，特に一緒に使わ

れている回数が多い上位のものを選んでいるだけです。

　テキストマイニングの結果が有益かどうかを判定することは人間が行うことが多いので，ワードクラウドなどの方法を使用して解析結果を可視化することがあります。これらの結果を可視化するときには，単に出現回数の数字をフォントサイズにする方法や，一緒に使われる単語同士を線で結びます。

　テキストマイニングでは文章から単語を取り出すことが基本になります。英語であれば「I have a pen」のように，単語の間にスペースがあるのでどれが単語なのかを区別するのは容易です。しかし，日本語の文章には単語同士を区切るスペースがありません。そのため，この単語の区切りを明らかにするためにも AI が利用されます。例えば，「この先生きのこるために」という文章から自動的に単語を区切ることを考えましょう。区切り箇所を「/」で表現すると，先ほどの文章は「この先 / 生きのこる / ために」というパターンと「この / 先生 / きのこるために」というパターンが考えられます。前者のパターンは，人間には自然な区切りに見えます。後者のパターンは，ひらがなと漢字の間を自動的に区切るルールを利用したものです。前者のような区切りができるように，自然言語処理の研究分野では形態素解析という方法が考えられています。詳細については割愛しますが，この解析でも，本書の第 2 章で解説した教師あり学習と教師なし学習の技術が利用されています。

　なお，テキストマイニングに似たものとして「データマイニング」があります。データマイニングは，一般的には，お店の売り上げや生徒ごとの得点といった「数値」で表現されたデータを対象としています。第 2 章で解説したように，文章も数値に変換していますが，テキストマイニングは，品詞や文法といった文章の特性を考慮した方法も利用することがあるので，データマイニングとは異なる技術を使用することがあります。

③　活用できるテキストマイニングのソフトの紹介と仕組みの解説

実際にテキストマイニングができる EdTech・AI としては，例えばユーザーローカル社の「AI テキストマイニング」（https://textmining.userlocal.jp）があります。他にも「KH Coder」（https://khcoder.net）もありますが，本書では「AI テキストマニング」の機能を紹介します。

ユーザーローカルの「AI テキストマイニング」は，テキストデータを入力することでテキストマイニングの結果が出力されるウェブアプリケーションで，**図4-13**のような画面構成になっています。なお，本単元では質問紙で回収したデータの入力を想定していますが，「AI テキストマイニング」のサンプル例として用意されているデータのように，著作権が消滅した青空文庫の文章や，Wikipedia などのウェブ上で公開されている文章データを対象にして分析することもできます。

例えば「１つの文書を解析」を選んで，匿名化したテキストデータを入力すると単語出現頻度の分析結果を出すことができます。具体例としては，後述する学習例の**図4-14**をご覧ください。他にも，形容詞で回答してもらう質問紙であれば，その対象（「大雨災害」など）に対する印象を分析することもできます。特に「AI テキストマイニング」では「感情分析 AI」という専用の分析結果を出すことができ，入力データのポジティブさとネガティブさの程度を可視化してくれる機能もあります。

また，匿名化したデータを特定の基準で分けてそれぞれ分析することで，単語の出現頻度の比較をすることもできます。特に「AI テキストマイニング」では「２つの文章を比較」という専用の機能があり，別々にテキストデータを入力すると，２つの文章の単語分類を分析する機能もあります。基準の分け方としては，例えば年代でデータを分けたり，巨大地震の知識を多く持っていると回答した人と，そうでない人でデータを分けて特徴を分析したりするなど，色々な方法が考えられます。

もう１つ，テキストマイニングにおける特徴的な分析方法として，上述し

たように，一緒に使われる単語の組み合わせを求める共起解析があります。
「AIテキストマイニング」では，「共起キーワード」という出力結果を参照
することで，共起解析の結果を確認することができます。こちらも具体例と
しては，後述する学習例の**図4-15**をご覧ください。共起解析では，一般的に
単語と一緒に描かれている円の大きさによってその単語の頻出度合いを表現
しており，円同士を結ぶ線が太ければ太いほど共起つまり一緒に登場してい
る程度が大きいことを表現します。例えば，今回の探究の問いとして「避難
指示が出た際，高齢者は誰にどのような支援をしてほしいか」をつくったグ
ループが，60代以上の人に対して，「夜に巨大地震が起きて避難指示が出た
場合，誰にどのような支援をしてほしいですか」という自由記述の質問項目
を作ってデータを集め，共起解析をしたとします。すると，例えば「家族」
と「地域の人」で求める支援がどう違っているかを分析することが容易にな
るでしょう。このようにテキストマイニングを使って共起解析をすることで，
自由記述に関する高度な分析をすることもできます。

図4-13.「AIテキストマイニング」の画面（ユーザーローカルAIテキストマイニ
ング（https://textmining.userlocal.jp））

④ 学習例

　本授業案は実際に実施してはいないため，「巨大地震が起きた際に発生する問題のうち，どのようなことに不安を感じますか。3つまで書いてください」という質問に対し，筆者が作成した，匿名化した30人の仮想の回答データを元に，どのような分析結果になり，どのような学習がされうるのかを紹介します。なお，この質問紙では回答者の年齢も一緒に収集しており，40代15人と，60代15人に分けて分析し，結果を比較しながら特徴を考察し，それを踏まえて地域の防災意識を高める提案をするところまで紹介します。なお，本来は100人以上から収集できる方が望ましいです。また，テキストマイニングの使用後は，実際の記述内容を確認させることも重要です。

　まず，40代の自由記述の内容に対し，ユーザーローカルの「AIテキストマイニング」を使って単語出現頻度を出した結果が図4-14です。特に名詞の出現頻度を見ると，「避難所」と「スマホ」の不安が7件，「電源」「家族」「情報」の不安が5件と，上位にあがっていることがわかります。

　次に，共起解析をした結果が図4-15です。中央を見ると，「スマホ」と「電源」と「切れる」と「情報」が共起していることから，情報収集をスマホに依存しているという課題があることがわかります。左上を見ると，「家族」と「合流」が共起していますが，「距離」や「難しい」も共起していることから，この地域では日中にいる場所がバラバラで合流に課題があることがわかります。また，「赤ちゃん」と「ミルク」といった子育て世代ならではの課題があがっていることも読み取れます。

　このような結果をもとに，地域の40代に向けたよりよい防災対策の提案として，スマホの電源が切れても情報が収集できる地域の場所を知らせるマップを作ったり，スマホが使えなくても家族の安否を確認できるサービスを複数紹介するパンフレットを作成して各家庭に配ったり，長期保存ができる赤ちゃん用のミルクの商品一覧をまとめるなどの提案が出てくると理想的です。

■名詞	スコア ▼	出現頻度 ▼
避難所	16.61	7
スマホ	0.59	7
心配	0.38	6
電源	1.83	5
家族	0.39	5
情報	0.29	5

■動詞	スコア ▼	出現頻度 ▼
できる	0.08	8
使える	0.41	6
困る	0.19	4
知る	0.04	4
切れる	0.19	3
仕入れる	1.20	2

図4-14. 40代の自由記述の単語出現頻度の結果
（ユーザーローカル AI テキストマイニング（https://textmining.userlocal.jp）で分析した画面）

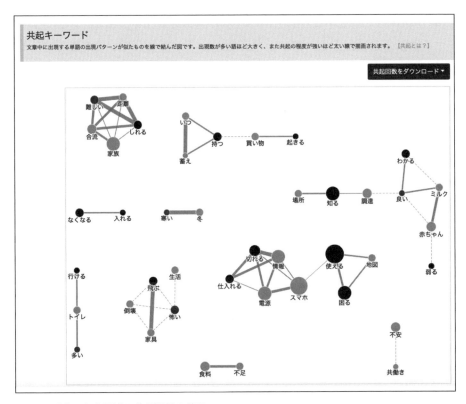

図4-15. 40代の自由記述の共起解析の結果
（ユーザーローカル AI テキストマイニング（https://textmining.userlocal.jp）で分析した画面）

次に60代の自由記述の内容に対し，同じようにユーザーローカルの「AI テキストマイニング」を使って単語出現頻度を出した結果が**図4-16**です。名詞の出現頻度を見ると，40代と同じく「避難所」の不安は７件と上位にあがっていますが，40代にはあまり上位になかった「薬」の不安が７件，「移動」の不安が４件と多めになっていることがわかります。

　次に，共起解析をした結果が**図4-17**です。まず，単語出現頻度でもあがっていたように，「薬」と「心配」が共起していることから，持病に対する常備薬が切れることを不安視していることが読み取れます。また，右側を見ると，「移動」と「足」と「悪い」と「難しい」が共起していることから，避難しようとしても迅速に移動しにくいという課題があることがわかります。さらに左側に「助け」と「求める」が共起していることから，助けを呼べる人が周りに少ないことが読み取れます。

　このような結果をもとに，地域の60代に向けたよりよい防災対策の提案として，常備薬を防災リュックに入れて定期的に有効期限を確認することや，避難所に移動する際にお薬手帳を持っていくようにすることを推奨するチラシを作って，高齢者がよく通る道の掲示板に貼るなどの提案を考える生徒が出てくると理想的です。また，今回調査に協力してくれた高齢者が多く住んでいる地域に対し，足が悪い人を支援しながら避難所に向かう防災訓練を実施するなどの提案を考える生徒が出てくる可能性もあるでしょう。

　このように，地域を対象に調査する探究では，知識・技能や思考力・判断力・表現力を高めるだけでなく，実際に地域に参加していくきっかけになる効果も見込めます。今回の探究をもとに，社会参加しながら２度目の探究学習につなげていくカリキュラムを組んでいくと，さらに深い学習が展開されていくでしょう。

単語出現頻度

文章中に出現する単語の頻出度を表しています。単語ごとに表示されている「スコア」の大きさは、与えられた文書の中でその単語がどれだけ特徴的であるかを表しています。通常はその単語の出現回数が多いほどスコアが高くなりますが、「言う」や「思う」など、どの文書にもよく現れる単語についてはスコアが低めになります。【スコアの目的と算出方法について】

単語の出現頻度をダウンロード▼

■名詞	スコア	出現頻度
避難所	16.61	7
薬	0.75	7
心配	0.26	5
移動	0.36	4

■動詞	スコア	出現頻度
できる	0.06	7
切れる	0.76	6
入る	0.04	4
わかる	0.02	3

図4-16. 60代の自由記述の単語出現頻度の結果
（ユーザーローカル AI テキストマイニング（https://textmining.userlocal.jp）で分析した画面）

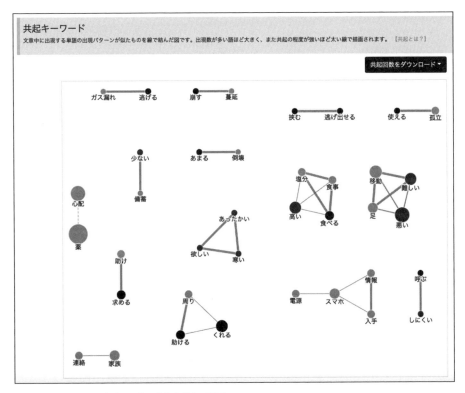

図4-17. 60代以上の自由記述の共起解析の結果
（ユーザーローカル AI テキストマイニング（https://textmining.userlocal.jp）で分析した画面）

4 その他の関連事例：Google Earth の写真を使った地理の調査

　第４章の２節と３節では色々な EdTech を用いて調査・実験・開発の幅を広げた事例や授業案を紹介してきましたが，４節では，フィールドワークに行きづらい地域での地理的な調査を支援できる Google Earth （https://www.google.co.jp/earth）を紹介します。

　Google Earth は，バーチャルな地球儀として世界中の衛星写真を表示しているソフトウェアです。拡大・縮小も含めて好きな地域の実際の様子を閲覧・収集することができるため，リアルな地図帳として使えるだけでなく，地理の探究の調査対象の幅を広げるツールとしても使うことができます。

　地理の探究に活かした授業例としては，例えば番匠谷（2019）の，広島大学附属中学校の１年生を対象に実施した授業が好例です。この授業は，「アメリカ合衆国の農業を学ぼう」という単元名で，「センターピボット方式，フィードロット」に関して，**図4-18**のように Google Earth を用いて実際の衛星写真を収集し，農業の特徴を捉えるという展開をしています。この授業では，既習の学習内容をもとに「自ら考えて場所を探す」という主体的な学びを促せたことが報告されています。以下にこの授業の出典を記載しますので，ぜひ参考にしてください。

番匠谷省吾（2019）Google Earth を用いた地誌学習　〜アメリカ合衆国の農業を題材に〜．広島大学附属中・高等学校　中等教育研究開発室年報，32, 33-42.

　また，Google Earth では実際の地図に書き込みをしたり，画像や情報を追加することもでき，Voyager とよばれる Google Earth の地域の写真をベースにストーリー化されたコンテンツを見ることもできます。例えば**図4-19**は，北極圏や南極の氷の融解の様子を1980年代から2022年の写真を変遷

させながら表示することで，よりリアルに地球温暖化の学習ができるようになっています。第5章の範囲になりますが，このような機能を使って地理の探究学習の発表・議論を充実させることもできるでしょう。

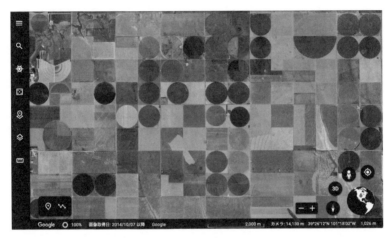

図4-18. アメリカ合衆国カンザス州のセンターピボット（Google Earth より画面を作成）

図4-19. Google Earth の Voyager「温暖化する地球」の画面

5 第4章のまとめ

　この章では探究の調査・実験・開発を広げる EdTech について論じてき
ました。従来の調査・実験・開発でできることに対し，本章で紹介した
EdTech を使うことで拡張されることをまとめたものが，**図4-20**です。ポイ
ントを順に説明すると，以下になります。

●収集するデータの拡張

・シミュレーションを使ったデータの収集

・バーチャル地球儀を使った衛星写真の収集

●分析方法の拡張

・シミュレーションソフトを使った実験

・テキストマイニングを使った文章データの共起解析

●開発方法の拡張

・３Dで表現できるソフトを使った立体的なデザインや開発

　一方で，調査・実験・開発の際にこのような EdTech を使う時の課題も
あります。特に以下の３つに注意しましょう。

●各ツールのマニュアルを作って円滑に操作できるようにさせる

●各ツールを使った探究例をたくさん示し，探究のイメージを拡張させ
　る

●テキストマイニングを使う際は、実際の回答データも確認させる

---

①収集するデータの拡張

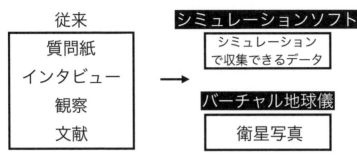

従来

質問紙
インタビュー
観察
文献

シミュレーションソフト

シミュレーション で収集できるデータ

バーチャル地球儀

衛星写真

②分析方法の拡張

従来

量的な比較
統計検定
質的な分析

シミュレーションソフト

シミュレーション による実験結果

テキストマイニング

文章データの共起解析

③開発方法の拡張

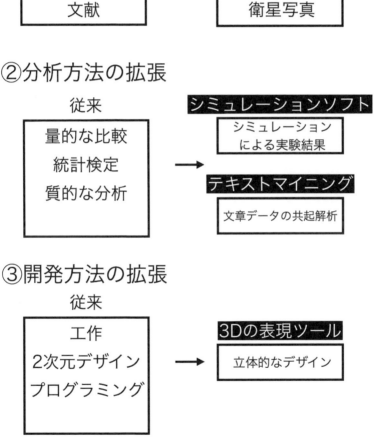

従来

工作
2次元デザイン
プログラミング

3Dの表現ツール

立体的なデザイン

図4-20. EdTech で広がる探究学習の調査・実験・開発

第 5 章

探究学習の
発表・議論を開く
EdTech

池尻　良平
澄川　靖信

　探究学習の「発表・議論」は，探究の途中経過や成果を他者に発表し，議論するフェーズです。多面的な意見をもらったり，批判的に議論したり，探究全体を振り返ったりすることで，探究の学習をさらに深めるフェーズです。

　「発表・議論」の後は，２度目の探究学習に移行することが望ましいですが，２度目の探究の質は，この１度目の「発表・議論」の質に左右されます。そのため，形式的に各グループが教室の前に出てきて探究の成果をプレゼンし，クラスメイトから２，３の短いコメントをもらうだけでは不十分で，「誰と議論すべきか」を意識して発表・議論の場自体をデザインすることが重要です。例えば筆者が探究学習の講師をしている高校では，同学年だけでなく，下の学年や保護者，外部の専門家も招いて体育館でポスターセッションを開き，発表者と同じテーマに関心を持つ聴衆がその発表を聴けるようにした上で，より深い意見や鋭い批判が出るように工夫しているところが増えています。

　実際，同学年だけで形式的に発表し合う高校よりも，やはり下の学年や外部の人がたくさん参加して発表・議論する場をデザインしている高校の方が，主体的に２度目の探究学習をしている生徒が多い印象があります。おそらくこの原因になっているのは，１度目によい「発表・議論」を行えてさらに探究したい課題や問いを発見している生徒の方が，円滑に２度目の探究学習の「問いづくり」に移行できるからだと考えられます。つまり，誰に発表し，誰と議論するのかという観点から，「発表・議論」の場をデザインすることは，このフェーズでの学習を高めるだけでなく，螺旋的につながる２度目の探究学習にも大きな影響を与えうるのです。

　そして，EdTech は，この「誰に発表し，誰と議論するのか」の可能性を飛躍的に広げてくれます。例えば，ある地域に関係するテーマで探究している場合，その地域の人に発表し，議論することが望ましいといえますが，

物理的に教室に来られないという問題が生じやすいでしょう。それに対し，オンライン会議システムを使ったり，発表を動画に撮って YouTube にアップロードすることで，物理的な制約を超えた「発表・議論」が可能になります。また，Google ドキュメントなどの同期システムを使えば，教室外の人とテキストベースで議論を重ねることもできます。

　さらに，「誰と」は人だけでなく，色々な意見をもらえる AI も対象に含められます。ChatGPT のような生成 AI を使うことで，教室内のグループだと出にくい視点の意見を出すことができ，より多面的な議論ができる可能性が高まります。

　また，本書の読者は日本語を母語にしている方が多いと思いますが，探究の成果を英語で発表できると，聴衆・読者が文字通り桁違いに増えます。近年では AI による自動翻訳の精度も向上しているため，探究の成果をまとめたレポートやポスターを英語圏に向けて発表し，海外の人と議論できるハードルも低くなっています。

　つまり，「発表・議論」においては，発表と議論の相手を広げてくれる EdTech を導入することが鍵になります。以降では，授業で導入できるこれらの EdTech と，それを用いた授業例を以下の順番で紹介していきます。

2　先進的な事例：同期システムを使った教室外の専門家との議論
3　明日からできる授業案：機械翻訳を活用した海外への発表・議論
4　その他の関連事例：AI との議論

---

2 先進的な事例：同期システムを使った教室外の専門家との議論

教科	対象	狙い	活用する EdTech
公民	高校生	専門家のフィードバックをもとに，探究の成果物を修正する	Google ドキュメント

　先進的な事例として紹介するのは，Google ドキュメントを使って，探究の成果を教室外の専門家に発表し，議論した授業です。この授業は，私立の中高一貫校の高校1年生22名に対し，2020年9月～11月に公民科「政治・経済」で実施されたものです。筆者らも含む山本ほか（2022）の論文で，授業の詳細や研究成果をまとめています。

　この研究授業は，社会における不協和を乗り越えたアイデアを創出するという，高度な方法を体験させる目的で実施しており，題材として京都の観光業とオーバーツーリズムの不協和に焦点を当てています。さらに，Google ドキュメントのコメント機能を使って，教室外の専門家（観光業の専門家や骨董品を経営する京都住民など）からアイデアに対する意見や批判をもらい，提案を修正するという活動を2回行っており，「発表・議論」によって成果物が修正される興味深いプロセスが描かれています。

　そこで以降では，山本ほか（2022）の論文を引用しつつ，10時限の単元の概要と，主に発表準備の部分に焦点を当てた授業を紹介し，議論を経た学習事例も紹介していきます。

・・

① 授業の紹介

教科 高校「公民科」（政治・経済）

授業の目標

京都における外国人観光客向けの施策と京都市民向けの施策を理解する。京都の観光業における不協和を発見する。その不協和を乗り越えるアイデアを開発する。各立場の専門家を含めてアイデアの検証を行い，より現実的な問題解決に資するものへと修正する。

授業の構成

この授業は，**表5-1**の流れで進んでいきます。この研究授業は，社会における不協和を乗り越えるという高度な学習プロセスを体験してもらうことが目的の１つだったため，生徒が関心を持ちやすいテーマになるよう配慮しつ

時限	フェーズ	各授業の目標
1	問いの推敲	問いの説明，立場の選択， 選択した立場で大事なことの調査と定義づけ
2	開発	グループ内の各立場によるアイデア創造
3-4	発表・議論 問いの推敲 開発	グループ内の立場間でのアイデア共有 相互批判による大事なことの再定義 両方の大切なことを両立するアイデアの創造
5-6	発表・議論	創造したアイデアの具体化・言語化と 発表資料の作成（1回目）
間	発表・議論	専門家によるフィードバック（1回目）
7-8	発表・議論 開発	専門家のフィードバックを踏まえた アイデアの修正と発表資料作成（2回目）
間	発表・議論	専門家によるフィードバック（2回目）
9	発表・議論 開発	専門家のフィードバックを踏まえた アイデアの修正と発表資料の作成（3回目）
10	発表・議論	個人での振り返り

表5-1. 京都の観光業の不協和を乗り越えるアイデア開発の授業の流れ

つ，筆者らを含む研究者と先生の間で協議しながら，社会における不協和を含む大枠のテーマを設定しています。そのため，最初の段階では生徒による問いづくりのフェーズはありませんが，先行研究や先行事例を収集する中で，グループごとに問いを具体化・推敲していく構成になっています。特定の狙いのもとで探究学習を進めさせたい場合，生徒の関心を汲み取りながら先生側で大枠のテーマや課題を提示し，探究中に問いを推敲させることで各自の関心が反映できるようにする方法も有効なため，本書ではこの授業も探究学習の定義に含まれる事例と位置付けて紹介していきます。

　この授業の1時限目では，初めに京都の観光業に関する大枠の探究の課題を以下のように提示します。特に立場Ａ・Ｂについて強調します。

京都市は世界的な観光地の一方で，オーバーツーリズムと呼ばれる市民の日常生活に支障をきたす状況に直面しています。市民の生活の質を高めるために，また外国人観光客のよりよい観光のために，どのように双方が関わりを持つかを考えることが大切です。以上を踏まえ，双方が価値を感じられる観光プログラムを提案してください。作成のために「Ａ：外国人観光客にとっての価値を考慮すべき」もしくは「Ｂ：観光業に直接関わっていない京都市民にとっての価値を考慮すべき」の立場に分かれ，各立場が満足するために大事にしなければならないこと（こだわり）を導き出し，最終的にそれらを両立させる観光プログラムを提案してください。

　その後，1人ずつどちらの立場に立ちたいかを自由に選ばせます。この授業では立場Ａが10名，立場Ｂが12名となりました。その後，選択した立場に関する資料を読み，立場ごとに外国人観光客向けの施策と京都市民向けの施策に対する理解を深めます。ここで，選んだ立場において生徒が大事にしたいと思ったことを定義づけします。

　2時限目では，同じ立場の人同士で2～3名の小グループになり，各立場

で大事にしたいことを共有した後，その大事なことを実現するアイデアを考え，Google スプレッドシートに文字でまとめます。

　3～4時限目では，異なる立場の2～3名の小グループ同士をくっつけて，5～6名の立場混成グループをつくります。その後，お互いの Google スプレッドシートにアクセスして相手の立場のアイデアを閲覧し，お互いの立場から見た場合の批判を書き込みます。これにより，京都の観光業のアイデアを作る際の不協和が顕著に可視化され，**図5-1**のように，議論が活性化します。その後，立場ごとにもう一度大事にしたいことを再定義し，両者の大事にしたいことを実現するにはどうしたらよいかという問いに推敲していきます。この段階で，グループごとにやや異なる問いになっていきます。その上で，グループごとに両立できるアイデアを検討していきます。

　5時限目からは，専門家への発表準備と議論を繰り返す後半の授業に移ります。5～6時限目は，先生が共有した Google ドキュメントのワークシートに沿って，アイデアを文章にまとめ，授業後に専門家からフィードバックのコメントをもらいます。7～8時限目では，専門家からのコメントをグループで読み，今のアイデアの問題点を認識した上で修正方針をコメントで返信し，再度開発したアイデアを文章にまとめます。これに対し，専門家から再度コメントしてもらい，9時限目にもう一度問題点や改善点を踏まえたアイデアの検証を行います。10時限目は個人で振り返る時間にしています。

図5-1. 立場の異なる混成グループで議論している様子（5時限目）

［5～6時限の発表・議論の授業］

　5～6時限の専門家への発表準備と Google ドキュメントを使った発表・議論の授業の流れを示したものが**表5-2**です。

　5～6時限では，はじめに生徒たちが発表する相手となる専門家の説明をします。この研究授業では，立場 A「外国人観光客にとっての価値を考慮すべき」の専門家として国際空港の運営に関与している60代の方からコメントをもらい，立場 B「観光業に直接関わっていない京都市民にとっての価値を考慮すべき」の専門家として元京都市立小学校校長かつ京都市で骨董品店を経営している70代の方と，元京都市立小学校教師の60代の方からコメントをもらっています。なお，それぞれの専門家については，この授業の実施者の知り合いや紹介で集めています。

　次に，発表・議論を行う5～9時限の流れを解説します。特に，この授業は口頭発表ではなく，発表までの思考プロセスやアイデアを Google ドキュメント上で文章にまとめて発表する特殊な形式になっているので，「Google ドキュメントで発表資料をまとめる→専門家が読んでコメントを

時間	活動	用いる教材
10分	発表相手の説明 今後の発表・議論の流れの説明 Google ドキュメントのワークシートの解説	スライド Google ドキュメント
90分	グループでの統合アイデアの開発 Google ドキュメントのワークシートへの記入	Google ドキュメント
6時限 終了後	専門家による1回目のフィードバックのコメントづけ	Google ドキュメント

表5-2. 専門家へ発表し，議論することでアイデアを再検証する授業

つける→生徒がコメントで修正方針を返信しつつ，Googleドキュメント上でアイデアを修正する→再度専門家が読んでコメントをつける→再度生徒がコメントを読んでアイデアを修正する」という構造をしっかりと説明しておきます。

　さらに，発表のポイントも先に話しておきます。この授業は，立場A・Bを両立させる観光プログラムのアイデア開発が目的のため，「今はまだないプログラム」であることを意識させるようにします。今あるものと近しいものだった場合は，今あるものと少しでも差別化するように指示しておきます。この際，アイデアの詳細を具体化することで，細かく差別化できることも伝え，できるだけプログラムの細部まで意識を向けさせるようにします。

　その後，Googleドキュメントの使い方とワークシートの解説をします。この高校ではBYOD（Bring Your Own Device）が進んでおり，高校生は自分のノートPCを持っていることに加え，普段からGoogleドキュメントも使っていたため，操作方法の解説はほとんどしていません。ただし，同期システムを使う際は，アクセス権限の設定を間違っていたり，他人の記入内容を誤って消したりすると，授業中に混乱が起きるため，慣れていない生徒が多い場合は後述するGoogleドキュメントの機能紹介を参考にマニュアルを作り，10分程度で操作体験をさせる方がよいでしょう。

　Googleドキュメントの使い方を確認した後は，今回の発表の肝であるGoogleドキュメントのワークシートの構造を解説します。このワークシートは，先生側で発表のフレームを先に作っています。

　このワークシートの冒頭には，専門家から行われるフィードバックの観点を載せています。具体的には，「個人（当事者）の経験と照らし合わせて適切かどうか」，「様々なデータ（例えば数量データなど）と照らし合わせて適切かどうか（データと矛盾していないか）」，「様々な文献中（例えば書籍や資料など）の記述と照らし合わせて適切かどうか（記述と矛盾しているところがないかどうか）」という3つが議論の観点になることを解説します。

　次に，**図5-2**のように，まずグループ内の立場Aと立場Bで「大事にした

いと思ったこと（こだわり）」と「大事にしたい（こだわりたい）と思った理由とその根拠となる情報」の両方を書く欄があることを説明します。さらに，それらを書いた後に，「各立場の大事にしたいと思ったこと（こだわり）を統合する具体的なアイデア」を記入するように指示します。

　グループでの統合アイデアの開発や，Google ドキュメントのワークシートへの記入をしている最中は，先生は各グループの様子を机間巡視するだけでなく，自分の端末で表示した Google ドキュメントで進捗をモニターしつつ，今あるプログラムとの差別化を促進するための声かけを適切なタイミングでしていきます。同期システムを使うと，先生も各グループのワークシートの進捗状況を確認できる点はメリットといえます。

　各グループの発表スライドが完成した後は，先生側から専門家に Google ドキュメントの URL を連絡し，次の授業までにフィードバックのコメントを残してもらうようにお願いをします。

　なお，専門家には課題の構造そのものをひっくり返すようなコメントは控えてほしいこと，図5-2のフィードバックの観点に沿って統合アイデアの適切さに対するフィードバックをしてほしいことを伝え，議論の焦点が定まるように調整しています。このように，専門家が一時的に授業に入ってコメントをする場合，先生による授業の意図や生徒の議論プロセスを把握できるよう，発表資料の構造を，アイデアを導出するまでのプロセスがわかるようなものにしたり，「フィードバックの観点」のように議論の焦点化を促す文章を入れておくと，議論が活性化しやすくなります。

　なお，続く７時限目では，専門家からのコメントを読んで修正方針をグループ内で議論し，コメントで修正方針を返信しつつ，アイデアをもう一度書き直していきます。図5-2の下にあるように，２回目の検証のルールを文字化しておくと，スムーズに進むでしょう。

アイデア検証ワークシート

■**専門家の皆さんから行われるフィードバックの観点**
観点1：個人（当事者）の経験と照らし合わせて適切かどうか
観点2：様々なデータ（例えば数量データなど）と照らし合わせて適切かどうか
　　　　（データと矛盾していないか）
観点3：様々な文献中（例えば書籍や資料など）の記述と照らし合わせて適切かどうか
　　　　（記述と矛盾しているところがないかどうか）

－第1回目の検証－
【各立場で大事にしたいと思ったこと（こだわり）とその理由】
■**立場A**（外国人観光客のことを考慮すべき）

> **立場Aで大事にしたいと思ったこと（こだわり）**
> 遠い国からわざわざ観光に来たのだから、体験してほしいことに時間をかけられるよう、交通機関の案内をわかりやすくし、移動の不便さを解消してほしい。
>
> **大事にしたい（こだわりたい）と思った理由とその根拠となる情報**

■**立場B**（京都市民のことを考慮すべき）

> **立場Bで大事にしたいと思ったこと（こだわり）**
>
> **大事にしたい（こだわりたい）と思った理由とその根拠となる情報**

【各立場の大事にしたいと思ったこと（こだわり）を統合する具体的なアイデア】

－第2回目の検証－※専門家からのフィードバックを受けた後追加
①専門家の皆さんからいただいたフィードバックコメントをよく読み、修正しなければならないと考えられる箇所を見つけましょう。
②修正版の「各立場で大事にしたいと思ったこと（こだわり）とその理由」、「統合する具体的なアイデア」を、以下に詳しく書きましょう。
③専門家の皆さんに対して「フィードバックをどのように受け止めたのか」と「どのように修正版に反映させたのか（あるいはさせなかったのか）」を、コメントに返信する形で書き込みましょう。ただし、肯定的なコメントに対しては、修正版への反映の仕方を書き込む必要はありません。

図5-2. Google ドキュメントのアイデア検証ワークシート

② 活用した EdTech の機能紹介

　Google ドキュメントは，オンライン上でドキュメントを作成・編集できるソフトウェアです。ファイルに入力した内容はその都度クラウド上に保存されるため，複数人が同時に編集できる点が大きな特徴です。1枚の紙にグループ全員で書き込みをするのと変わりないほど，リアルタイムに入力内容が反映されるため，グループで役割分担しながら成果物をまとめたり，試しに書きながら議論をする際に有効なツールです。同期的に編集できるソフトウェアは，Microsoft も提供しています。

　Google ドキュメントを授業で利用する際，学習者に優先的に説明すべき機能が3つあります。

　1つは，オンライン上に作成したドキュメントを共有する機能です。特に外部の人も編集できるようにするには，学校のルールに注意しながら，**図5-3**のように共有相手，最適な権限を設定する必要があります。今回紹介している授業のように，外部の専門家がコメントするだけであれば，「閲覧者（コメント可）」でよいでしょう。

　2つ目は，クラウドで保存していることのメリットを活かした，変更履歴と復元の機能です。**図5-4**のように，変更履歴の画面を開くと，入力内容に沿ってクラウドに保存された日付，時間が細かく履歴として残っており，それぞれをクリックすると，1つ前の状態から追記されたもの，消されたものなどを確認することができます。また，ファイルの文章全体を特定の履歴のバージョンに復元することもできます。同期的に編集できるソフトウェアに慣れていない場合は，誤操作で文章を消してしまうというトラブルがよく起きますので，この機能はぜひ伝えておきましょう。

　3つ目は，コメント機能です。コメント機能の画面は後述する学習事例で紹介しますが，特定の文章の場所に対してコメントをつけたり，コメント上で議論を重ねることができます。文章の推敲に適した機能といえます。

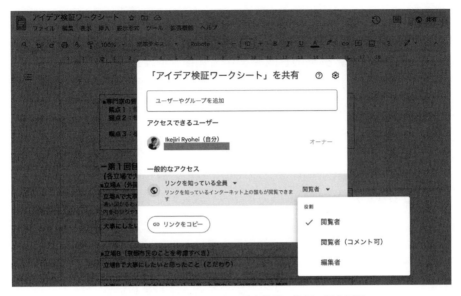

図5-3. Google ドキュメントの共有範囲・権限の設定画面

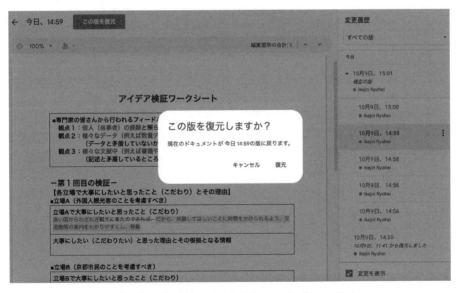

図5-4. Google ドキュメントの変更履歴，復元の画面

③　実際の学習事例

　では，このように外部の専門家を Google ドキュメント上でつなぐことで，どのようなコメントがされ，それを踏まえてどのように観光プログラムのアイデアが修正されるのでしょうか。今回紹介している高校から1つのグループの事例を紹介したいと思います。

　このグループは5～6時限目で，**図5-5**のように発表資料を準備しました。まず，立場Aの観光客側のメンバーは「多くの観光地からどこを回ればよいか分からないため，狭い範囲でじっくり観光地を満喫できること」を大事にしたいことに書き，立場Bの京都市民側のメンバーは「観光客へ壁を作っているためそれを取り払うこと」を大事にしたいことに書いています。それらを踏まえ，各立場で大事にしたいことを統合するアイデアとして，京都市民が観光プログラムを作成するという案を提示しました。

　これに対し，6時限目が終わった後，7時限目が始まるまでの間に，3人の専門家から図5-5のようにコメント上でフィードバックをもらっています。コメントでは名前の後に，各コメントがどの観点に基づいたものかも明記してもらっています。観点1は，「個人（当事者）の経験と照らし合わせて適切かどうか」，観点2は「様々なデータ（例えば数量データなど）と照らし合わせて適切かどうか（データと矛盾していないか）」に該当します。

　図5-5で示したグループのアイデアについては，専門家Aが統合したアイデアに1件コメントをつけていました。一方，専門家B-1は立場Bの大事にしたいことの理由に2件コメントをつけ，専門家B-2は立場Bの大事にしたいことの理由に1件，統合したアイデアに1件コメントをつけていました。

　紙幅の都合もあるので，グループがまとめた統合のアイデアに対する専門家のコメントと，それに対する生徒の返信，さらに統合のアイデアがどう修正されていったのかを見ていきたいと思います。

ー第1回目の検証ー
【各立場で大事にしたいと思ったこと（こだわり）とその理由】
■立場A（外国人観光客のことを考慮すべき）

立場Aで大事にしたいと思ったこと（こだわり）
京都には観光地がたくさんあるのでどの観光地をどのように回ればいいか、またたくさんの観光地を回りたくても全て回りきれないことがあるので場所を絞り狭い範囲で観光地を満喫できること。

大事にしたい（こだわりたい）と思った理由とその根拠となる情報
理由：
下のURLのP46で観光地を回るのに時間が足りなかったという意見が載っていた。ネットでどこの観光地を見て回るのかを調べたとしてもいろいろな情報が行き交っていて外国人からしたら困惑する。
P48でまた京都に来たいかという質問に対して大変そう思うからやや思うと答えた外国人観光客は9割を超えていたので一度の訪問でたくさんの観光地を回るよりも何度も訪問してその訪問ごとに特定の観光地をじっくり見たいこと。
根拠：https://drive.google.com/file/d/1XEJ8TZ4yxdMMTZONBP-0HMnaAR2W0P1-/view
この記事のP.46 P48、53

■立場B（京都市民のことを考慮すべき）

立場Bで大事にしたいと思ったこと（こだわり）
京都市民が観光客と関わることで自分たちの文化（建造物、食品、芸能など）を評価されていると自覚し、地元に誇りを持ってもらう。それを通して、観光客が増えてほしい！という市民の意欲や観光に対する興味が高まるとなお良い。

大事にしたい（こだわりたい）と思った理由とその根拠となる情報
理由
京都市民は観光客は観光客、市民は市民という考え方を持っている人が少なくない。この考えは双方に壁を作ってしまっている。なのでこの考えを払拭すればお互いの距離が縮まり、市民は京都が多くの外国人から愛されている場所だと認識することで、地元が価値のあるものだと実感できる。地元に価値があると感じることができると色々な案が生み出されるかもしれない。（郷土料理を工夫する、舞妓さんの稽古を見学できる施設を作るなど）
根拠となる情報
https://drive.google.com/file/d/1BhRSKWm8rfZiDplpzexRF6lPSl-d_41D/view?usp=sharing
この記事のP.29,L.2〜10
京都の魅力はここにある！外国人が京都を好きな5つの理由
https://cancam.jp/archives/124087

【各立場の大事にしたいと思ったこと（こだわり）を統合する具体的なアイデア】
具体的には、外国人観光客が抱える問題「観光地を回り切れない」と京都市民が抱える問題「市民と観光客との隔たり」を解決できる、京都市民が考えた観光プログラムを行う。具体的には、行動範囲を狭くしてその中で一つ一つの体験や建造物をじっくりと楽しむツアーを開催する。このツアーを市民が主催することで市民ならではの知識で各所を解説することができ、ツアー会社が普段は取り扱わないような内容にも触れることができる貴重な時間になる。外国人観光客側も多くの場所に行くことにとらわれず、少ない場所で高い満足感を得られるのではないかと思う。

ー第2回目の検証ー ※専門家からのフィードバックを受けた後追加
①専門家の皆さんからいただいたフィードバックコメントをよく読み、修正しなければならないと考えられる箇所を見つけましょう。
②修正版の「各立場で大事にしたいと思ったこと（こだわり）とその理由」、「統合する具体的なアイデア」を、以下に詳しく書きましょう。
③専門家の皆さんに対して「フィードバックをどのように受け止めたのか」と「どのように修正版に反映させたのか（あるいはさせなかったのか）」を、**コメントに返信する**形で書き込みましょう。ただし、肯定的なコメントに対しては、修正版への反映の仕方を書き込む必要はありません。

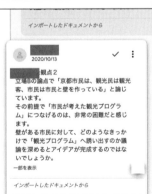

図5-5. Googleドキュメント上での専門家からのコメント（1回目）

まず，6時限目の終了時点で，このグループは専門家に発表するアイデアを以下のようにまとめていました。

具体的には，外国人観光客が抱える問題「観光地を回り切れない」と京都市民が抱える問題 (a)「市民と観光客との隔たり」を解決できる，(b)京都市民が考えた観光プログラムを行う。具体的には，行動範囲を狭くしてその中で一つ一つの体験や建造物をじっくりと楽しむツアーを開催する。このツアーを市民が主催することで市民ならではの知識で各所を解説することができ，ツアー会社が普段は取り扱わないような内容にも触れることができる貴重な時間となる。外国人観光客側も多くの場所に行くことにとらわれず，少ない場所で高い満足感を得られるのではないかと思う。

このアイデアのうち，専門家 A は下線部 (a) に対し，以下のようにコメントをつけています。これに対し，生徒は意見を受け入れ，アイデアの修正に活かしたことをコメントで返信しています。

(専門家 B-1)：観点①
ツアーの開催は，市民も関心を持ちやすいアイデアでもあります。観光客が何をしたいか，何を目的としているかを推察して，プログラムを提供することは可能でしょう。ただその作成は，市民ではなく，観光会社や役所，コンシェルジュの役割でしょう。観光客がその土地の風土や気候，文化，歴史などを研究し，「○○を見てみたい，経験してみたい」等の目的意識を刺激する企画が大切でしょう。共通の土俵に上がるには，双方の目的意識を整理するプロセスが大切であり，その中に市民の目線を入れてほしいと思います。（中略）例えば祇園祭の期間は交通機関は無料，観光地へは案内ルート道順で行けば無料など眼に見えて歓迎するような効果が必要だと思います。（中略）市民の意識を変えるには，そ

の利害の解消とプログラムが必要です。

（生徒の返信）
おっしゃる通り，観光ツアーを市民が一からすべて企画するのは市民の役割ではないと同感しました。なので，一からではなく京都市民からアイディアを募集して，集まった意見を観光会社に提供するという形で，市民がツアー企画にかかわる方法を考えてみました。

また，専門家 B-1 は下線部 (b) に対し，以下のようにコメントをつけています。これに対し，生徒は他の専門家 B-2 が指摘していた京都市民の特徴を踏まえ，新しいアイデアを作ったことをコメントで返信しています。

（専門家 B-1）：観点 2
立場 B の論点で「京都市民は，観光民は観光客，市民は市民と壁を作っている」と論じています。その前提で「市民が考えた観光プログラム」につなげるのは，非常に困難だと感じます。壁がある市民に対して，どのようなきっかけで「観光プログラム」へ誘い出すのか議論を深めるとアイデアが完成するのではないでしょうか。

（生徒の返信）
（専門家 B-2）さんコメントの中に，「京都市民は，日常生活の中でもお互いに本音をさらけ出すことは少なく，互いのよいところだけを見せ合い，自分に災難がかからないようにする傾向があります。」とあったので，京都市民から匿名で京都のいいところなどのアイディアを送ってもらいそれをもとに観光ツアー会社がツアーを企画すればよいと考えました。具体的な募集方法は TV やインターネットなどの広告を活用することが最善と考えました。

このようにそれぞれの専門家の鋭い指摘や意見を踏まえ，このグループが提案する観光プログラムは，以下のように修正されました。修正した箇所で注目すべきポイントは３つあります。

外国人観光客が抱える問題「観光地を回り切れない」と京都市民が抱える問題「市民と観光客との隔たり」を解決できる，京都市民の意見を取り入れた観光プログラムを作る。具体的には (c) 京都市民から匿名で京都のいいところなどのアイディアを送ってもらいそれをもとに観光ツアー会社がツアーを企画する。京都市民のアイディアの募集方法としてはTV やインターネットなどの広告を活用する。(d) 市民と観光客との隔たりについては京野菜のような京都市民にとって身近な文化をツアーに盛り込むことで，より市民が観光に興味を持ってくれ隔たりも解消されると思います。他にも，(e) そういった体験を選ぶことで銀閣寺などの有名な観光スポットに大勢の人が集まってしまうという事態も解消されるのではないかと思います。

　１つ目は，下線部 (c) の箇所です。これは前述した専門家 A の指摘を踏まえ，京都市民が観光プログラムを作る方針から，京都市民から意見を募って観光ツアー会社が企画する方針に変えた箇所です。専門家 A が指摘した観光ツアー会社主導の案に変えつつ，現実的に京都市民から意見が集まる方法も具体的に考えられている点で，最初のアイデアに比べて実現可能性の高いアイデアになっているといえます。

　２つ目は，下線部 (d) の箇所です。これは前述した専門家 B-1の指摘を踏まえ，京都市民を観光プログラムの議論に誘い出す手段として，身近な文化をツアーに盛り込む案を出した箇所です。また，ここで「京野菜」が挙がっていますが，これは専門家 B-1がコメントで共有していた，京都市民が考える身近な暮らしの中の価値の例として挙げていたものです。このコメントは紙幅の都合で割愛していますが，京都市民に関するデータ収集では見つから

なかった，京都市民と議論したからこそ得られたデータをもとに，アイデアを具体的にしている点が特徴です。このように専門家が持っている経験データをもとに，教室内で作ったアイデアを修正できている点は，この授業ならではの効果の1つといえます。

　3つ目は，下線部 (e) の箇所です。ここでは急に「銀閣寺」というキーワードが出てきますが，これは京都市民側の専門家 B-2 がコメントしていた「…銀閣寺の近くに住んでいる私の友人は，観光客の減少をむしろ歓迎しています。…」に対応したものです。コメントの全文は割愛しますが，専門家 B-2 が指摘した京都市民の声を踏まえ，今回の提案が現在困っている京都市民の問題解決の一助にもなることを主張しています。このように，各立場の専門家が入って批判してもらうことで，その批判を超えるためのシミュレーションまでできるようになり，提案するアイデアの波及効果まで論じられるようになっている点で，よい修正を行っているといえるでしょう。

　なお，このようなコメントの返信とアイデアの修正に対し，8時限目の終了後に専門家がまた確認し，フィードバックを返しています。この段階では議論が収束していく傾向にあり，肯定的な評価や追加のアイデアのコメントが増える傾向にあります。例えば，修正後の提案の「京都市民のアイディアの募集方法としては TV やインターネットなどの広告を活用する」に対し，専門家 A は「より具体的にアイデアを完成させるためには，コスト負担をどのように解決していくのか，『お金』が事業継続のためには最も重要になってきます。『お金』の流れを作ることができれば完全なアイデアとなるでしょう」とコメントしています。これに対し，生徒は9時限目にグループでお金の流れを検討し，「商品が買われた数や検索数で自動的にお金が振り込まれるシステムを作るとよいと考えました」と返信しています。専門家が持っている経験や知識，視点に基づく生産的な議論が，探究の成果物の質を高めている状態だといえるでしょう。

④ 明日からの授業で組み込む際のアドバイス

　外部の専門家を探究学習の発表・議論に参加してもらう際，３つのポイントを押さえることが大事です。

　１つ目は，協力してくれる専門家をどう探すかです。個人個人の探究テーマがばらばらな場合は，探すべき専門家の数が多くなりすぎ，探す負担が大きくなります。そのため，まずは今回の授業で紹介したように，大枠のテーマが決まっている，かつグループで探究する授業において，そのテーマの専門家を探してみる方がよいでしょう。そうすることで，探すべき専門家の人数も減らせますし，専門家がコメントする負担も減らすことができるでしょう。また，今回の授業では，先生や授業協力した研究者の知り合いづてに協力者を募りましたが，探究学習を担当している先生が１人で専門家と交渉していくのは大変です。そこでおすすめなのが，卒業生もしくは児童・生徒の保護者から専門家を探し，協力者を募る方法です。特に卒業生に協力を募るアプローチについては，探究学習を教えている今の代が卒業した際に協力者になってもらえるよう，あらかじめ希望者を募り，いざという時にすぐに相談できるよう連絡先を聞いておくとよいでしょう。また，保護者から募る際は，まずは児童・生徒でお互いの探究のテーマを確認し，自分の保護者の専門性とマッチしているかを検討するフェーズを挟む方がよいでしょう。

　２つ目は，専門家のフィードバックが，探究の成果物の改善において生産的なものになるよう，授業の意図やコメントしてほしい観点を事前に専門家に共有しておくことです。このように議論のポイントを明確にすることで，学習者側も専門家側も同じ意識で質を高めることができます。この観点は学習者が発表資料としてまとめるドキュメント，スライド，ポスターのどこかに必ず記載しておくようにすると，学習者も専門家も意識が向いてよいでしょう。

　３つ目は，専門家からもらったコメントに対する返信ルールをきちんと作り込み，それを完了しないといけないという議論の前提を作り込むことです。

口頭での探究学習の発表・議論では，非常によいコメントをもらっているにもかかわらず，メモが追いつかなくてその後の改善の際に忘れてしまうデメリットや，本当に改善したかの第三者チェックがしにくいというデメリットがあります。これに対し，今回紹介した授業事例のように議論のやり取りを文章ベースにすることで，これらの問題はクリアされます。また，図5-2に記載しているように，今回のコメント返信では，以下のようなルールを設けていました。

> 専門家の皆さんに対して「フィードバックをどのように受け止めたのか」と「どのように修正版に反映させたのか（あるいはさせなかったのか）」を，コメントに返信する形で書き込みましょう。ただし，肯定的なコメントに対しては，修正版への反映の仕方を書き込む必要はありません。

　これにより，必ず議論を重ねさせられるようになっています。今回紹介したEdTechはGoogleドキュメントでしたが，Googleスライドでも同様にコメント機能はあります。ぜひ，文章ベースで議論を重ねる環境づくりとルールづくりをしてみてください。

　今回の研究授業の実践は筆者も関わっていましたが，生徒が専門家からもらった鋭いコメントを読んだ7時限目は，よい意味で教室に緊張感が走り，探究の真正さが高まっていく雰囲気を感じました。また，専門家のコメントに沿って修正した内容に対し，肯定的な意見をもらえた際は，まるで会社でのプレゼンを通したように喜んでいる生徒が多かったことも印象に残っています。

　EdTechの発達により，教室と社会をつなぐハードルは確実に下がっています。ぜひ探究学習を学校内だけに閉じず，社会に開いてみてください。

③ 明日からできる授業案：機械翻訳を活用した海外への発表・議論

教科	対象	狙い	活用する EdTech
国語 英語	高校生	国語の探究の成果を英語で表現する	機械翻訳 英文チェッカー

　明日からできる授業案として紹介するのは，日本語でまとめた国語の探究の成果を，機械翻訳を活用しつつ英語で表現し，日本だけでなく海外に向けても発表・議論する授業案です。日本に関する話題での探究の成果は，英語圏の人にとっても情報の価値が高くなるため，英語で発表・議論することの意義も高くなります。一方で，いきなり全て英語にすることは，英語に不安がある学習者にとっては，ハードルが高い活動といえます。

　そこで活躍する AI が，機械翻訳や英文チェッカーです。機械翻訳や英文の誤りの判定技術は近年精度が向上しており，日本語を英語にする際のハードルをかなり下げてくれています。もちろん，機械翻訳に頼りっぱなしでは成長しないのでよくありませんが，機械翻訳を通してでも英語で発表をまとめたり，議論したりすることから学べることはたくさんあります。それによって，英語で発表することの面白さや意義を感じ，主体的に学習に取り組む態度が養われることもあるでしょう。そこで本章の３節では，探究の「発表・議論」の面白さや意義を体験させる目的で，機械翻訳や英文チェッカーを活用します。これにより，２度目以降の探究学習の動機付けを向上させ，徐々に自分１人でも英語で表現できるようになることを想定します。

　以降で紹介するのは，高校２年生を対象にした国語科（「論理国語」）と英語科（「総合英語Ⅱ」）の教科横断型授業において，今の日本に関する論説文の探究を行い，成果物を日本語と英語の両方で発信する８時限＋αの単元案です。授業案の紹介は，日本語の成果物を英語にする部分に焦点を当てます。

① 授業案の紹介

■ 教科　高校「国語科」と高校「英語科」の教科横断型授業

■ 単元名　今の日本に関する論説文への考えを日本語と英語で発信しよう

■ 単元の目標

論説文のテーマについて論理的，批評的に考える力を伸ばし，自分の考えを日本語で論理的に表現する。

一定の支援を活用しつつ，英語の多様な語句や文を用いて，日本語でまとめた自分の意見を英語で論理的に表現する。

日本語と英語で論理的に表現する際の共通点や相違点について理解する。

■ 単元の構成

　この単元は，**表5-3**のように進めます。１時限目では，生徒が関心を持っ

時限	探究のフェーズ	各授業の目標
1	問いづくり	関心のある論説文の選定と問いづくり
2	調査	関連資料の収集と読み取り
3	調査	異なる論点をもつ文章の収集と読み取り
4	発表・議論	日本語での意見のまとめ
5	発表・議論	機械翻訳・AI を活用した英語での意見づくり
6	発表・議論	英語の論理的表現の吟味
7	発表・議論	日本語と英語における論理的表現の比較
8	発表・議論	日本語と英語での発信・議論
後日	発表・議論	日本語の発信に対する反応の確認と振り返り
後日	発表・議論	英語の発信に対する反応の確認と振り返り

表5-3. 論説文への考えを日本語と英語で発信する探究の単元例

ている今の日本の社会で話題になっているテーマに関連した論説文や，これまでに国語の授業で取り上げた論説文を選びます。それを踏まえ，探究の問いを立てます。例えば，ある生徒は「ゲーム脳」に関心を持ち，教育上ゲームを良くないものとして論説している文を選んだとします。その上で，例えば「ゲームは教育に本当に良くないのか？」という問いをつくります。

　２時限目では，その論説文の根拠になっている論文や，調査結果，事例などを収集し，読んでいきます。例えば，ゲームをすることで学力が下がったという論文や調査結果，事例を集めます。この際，書かれている情報を鵜呑みにするのではなく，著者や掲載メディアの立場，根底にある「教育観」や「学力観」などにも意識を向けさせ，批判的に考えさせることが重要です。

　３時限目では，取り上げた論説文と異なる論点を持つ論文や調査結果，事例などを収集し，読んでいきます。その結果として，ゲームが新しい学力の一部を伸ばす効果があるという情報を収集するかもしれませんし，最近では社会人の研修にゲームが用いられている事例を収集するかもしれません。

　４時限目では，これまでに収集した情報をもとに，自分で立てた問いに対する意見をまとめます。この際，根拠となった資料を引用しつつ，論理的・批判的に意見をまとめさせるようにするのがポイントです。なお，この段階では意見をまとめる際のワークシートはできるだけ簡素にし，論理展開も含めて考えさせる方が，後述する英語での論理的表現との比較が活性化するでしょう。

　５〜７時限目は，日本語でまとめた意見を英語で表現していきます。詳細は後述しますが，５時限目では機械翻訳や英文チェッカーの解説を行い，日本語を機械翻訳にかけて，どのような英語になるかを確認します。ただし，単純に日本語の論理展開を英語にしただけなので，このままでは英語として論理的な表現になっているとはいえません。そこで６時限目では，主張の構成も含めて，英語として論理的な表現になるように修正していきます。英語の文章を修正する中で発生する可能性のある文法の間違いについては，英文チェッカーを使って各自で確認し，適宜修正させます。これらを踏まえて英

語での意見がまとまったら，７時限目に両言語の論理的な表現の共通点や相違点についてグループで考察させ，両言語についての理解も深めます。

　８時限目は，日本語と英語のそれぞれでまとめた意見を発信します。日本語での発信の範囲は２段階考えられます。手堅い発信は，教室内で相互に発信し合う方法です。第５章２節で紹介した Google ドキュメントを使って共有し，相互に感想や批判をコメントする形式にすれば，効率的に議論を活性化させることができます。２段階目は，ウェブ上で発信する方法です。例えば，SNS アカウントを持っている生徒であれば，自身の SNS で発信し，フォロワーから感想をもらったり，コメント欄で議論したりする方法もありえます。SNS を持っていない生徒がいる場合は，例えばクラスの SNS アカウントを用意してそこで発信し，生徒も含めて拡散していくことでカバーできるでしょう。ただし，SNS の利用は学校側のルールがあったり，生徒が投稿したくない場合もあります。また，SNS に発信すると攻撃的なコメントがつく可能性もあるため，希望者だけに限定しつつ，SNS のリテラシーも教える方がよいでしょう。

　英語での発信については３種類考えられます。１つ目は，海外の姉妹校がある学校に限った方法になりますが，姉妹校でも同じような単元を実施し，相互に成果物を批評しあう活動を設ける方法です。範囲を教育機関で閉じることができるため，安全かつ有効な議論になるでしょう。２つ目は，成果物を YouTube やブログなどに残し，関心と類似した英語のハッシュタグを探して SNS で発信する方法です。ただし，こちらも上述したように SNS を使うリスクはあるため，丁寧なフォローが必要です。３つ目は，後述する「その他の関連事例」でも解説しますが，AI と英語で議論する方法です。本来は英語圏の人に実際に発信し，意見をもらう方が望ましいため，この方法はあくまで補助的な位置付けにはなります。

　８時限目については少なくとも教室内での発表・議論は行い，他の発信に対する反応の確認と振り返りについては，期間をあけて後日設ける形式がよいでしょう。

[5～7時限の英語の発表準備の授業案]

　5～7時限の英語の発表準備の授業の流れを示したものが**表5-4**です。まず，5時限目の冒頭で，機械翻訳と英文チェッカーの紹介と操作方法の説明を行います。無料で使える機械翻訳として有名なものとしては，Google翻訳やDeepLがあります。ここでは，DeepLを紹介することにします。また，無料で使える英文チェッカーとしては，GrammarlyやGinger英文チェッカーがあります。無料の登録が必要にはなりますが，ここでは画面の見やすさを重視してGrammarlyを紹介します。詳細については後述します。なお，生徒に解説する際は，どちらも100%信用するのは危険であることを伝え，学習した文法や単語を思い出しながら，必ず日本語と英語の文章を丁寧に比較して確認するように指示しておくことが大事です。

時間	活動	用いる教材
15分	機械翻訳ソフトの操作方法の説明 英文チェッカーの操作方法の説明	DeepL Grammarly
5分	機械翻訳を活用した日本語でまとめた意見の英文化	DeepL
30分	英語の論理性に関する吟味	DeepL
30分	英語の論理的表現の検討と修正	Googleドキュメント
20分	修正した英文の文法確認	Grammarly
15分	作成した日本語と英語の発表のグループ内共有	Googleドキュメント
15分	グループ内での日本語と英語の論理的表現の共通点の分析	Googleドキュメント
20分	グループ内での日本語と英語の論理的表現の相違点の分析	Googleドキュメント

表5-4. 英語の発表準備に関する授業案の流れ（5～7時限目）

また，DeepL は機械翻訳の表現のバリエーションが多く，自分で選択して部分的に表現を変えることができるため，どの表現が最も適しているかという視点を持つように指示することも学習上有効でしょう。

　以上の解説が終わったら，DeepL を活用して，各自が日本語でまとめた意見を英文に機械翻訳します。さらに，日本語でまとめた意見の文章と比較しつつ，英語として論理性を高めるにはどうしたらよいかを吟味させます。生徒の学力によっては，学習者同士で相談しあう時間を挟んだり，先生が積極的に介入して助言したりする方がよいでしょう。

　6時限目では，機械翻訳から修正した英語での意見の文章を Google ドキュメントにまとめていきます。この段階では，生徒自身で英文を書くことになるため，文章がまとまったら Grammarly にかけて文法の誤りがないかを確認させます。ここでも，文法の正誤の判断がつかない生徒がいる場合は，先生が積極的に介入して助言したり，Google ドキュメントをチェックしてコメントを残したりすることが望ましいです。

　7時限目では，発表資料としてまとめた日本語と英語の表現を比較していきます。まず，3〜4人グループを組み，1人ずつ日本語と英語の発表資料を紹介していきます。その後，グループで日本語と英語における論理的表現の共通点と相違点を分析していきます。これらが完了したら，8時限目に発表・発信をしていきます。

② 機械翻訳と英文チェッカーの仕組み

　この授業案では「機械翻訳」と「英文チェッカー」の2つのAI技術を扱っていますが，ここではそれぞれの仕組みについて解説したいと思います。

　英文チェッカーは，英語で書かれた文章にある間違いや，不自然な箇所を指摘する技術です。例えば「I is a child.」という文があったとき，「I」の後には「is」ではなく「am」が来るというルールがあるので，英文チェッカーはこの文章の「is」が間違いであると指摘し，「am」に置き換えるよう提案します。他にも「I like dog.」を「I like dogs.」に修正するといった提案を行います。英文チェッカーの技術には3種類あります。1つ目はルールベースのもの，2つ目はよくある間違いとその正解を組とする教師データを利用した教師あり学習，3つ目は英語の文章を大量に集めて規則を自動的に学習する教師なし学習です。この教師あり学習，教師なし学習の基本的な考えは，第2章で述べていますので参照ください。第2章の例で使用しているデータベースを上記の正誤の組や，英文に差し替えると，同様の手順で英文チェックを行う技術となります。英文チェッカーのソフトの1つ，Grammarly（https://www.grammarly.com）は，無料のアカウント作成が必要になりますが，チェックしてほしいファイルをアップロードすれば，**図5-6**のような画面構成で，英文法の誤りや誤字を指摘してくれます。

　機械翻訳は，ある言語で書かれた文章を他の言語の文章に変換する技術です。例えば，「私は人間です。」を「I am a human.」に変換する技術です。機械翻訳も，英文チェッカーと同様3種類の技術があります。機械翻訳も，翻訳先の文章を正解とする教師データがあれば教師あり学習の技術が使用できますが，第2章でみたニュース分類のカテゴリとは異なり，答えになる文章の種類が膨大な数になり，分類を行うよりも多くのデータが必要になる傾向があります。そのため，2023年現在では，第2章2節で述べたニューラルネットワークと教師なし学習を組み合わせた方法が広く利用されています。機械翻訳のソフトの1つ，DeepL（https://www.deepl.com/

translator）は**図5-7**のような画面構成で，入力した文章を特定の言語に自動で翻訳してくれます。また，他の表現パターンの選択肢が出てくるので，表現を変えた翻訳に瞬時に切り替えることもできます。

図5-6. Grammarly の画面

図5-7. DeepL の画面

③　学習例

　本授業案は実際に実践したものではないため，ゲーム脳に関心があって「ゲームは教育に本当に良くないのか？」という問いを立てた生徒を仮に設定し，この生徒がまとめた日本語の意見の文章を，機械翻訳を活用しながらどう英語の論理的表現にしていけるかを紹介していきたいと思います。

　例えば，**図5-8**のように，日本語でまとめた意見を入力すると，英語での機械翻訳がすぐに出てきます。なお，本来は意見の根拠になった長い文章が間に入っていますが，ここでは省略しています。

　機械翻訳された文章を見ると，英語の表現としては成立しているように見えますが，これまでの英語の授業で学習した文章の書き方に照らし合わせると，論理的表現を高めるためにチェックすべきポイントが複数あります。

　1つ目は，パラグラフライティングの原則です。個々の文章の英語表現ではなく，文章全体のパラグラフ構成や，パラグラフ内の主張の展開のルール

図5-8. 日本語でまとめた意見を DeepL で機械翻訳した際の英語の文章

に沿って，文章を全体的に再検討する必要があります。このように全体の構成に関する確認をすることで，日本語と英語の論理的表現の違いの発見にもつながるでしょう。2つ目は，一文の長さです。日本語の場合は，末節を文章にくっつけていってもおおよその内容を理解できますが，英語の場合はシンプルにはっきりと主張する書き方の方が好まれます。そのため，一文の長さに注意しながら，どこで区切り，どういう接続詞を使ってつなげていくとよいのかを考えることも必要です。3つ目は，主語です。日本語では表現されないことがある主語について，英語でどう表現するかに注意しつつ，説得力のある文章に修正する必要もあるでしょう。

このような点に気づいた学習者は，英語での意見のまとめ方を修正しつつ，Grammarly を使って英文チェックを行うことで，英語での発表準備を着実に進めることができるでしょう。

このように機械翻訳という足場をかけながら，英語の論理的表現を整えることは，英語の表現のバリエーションを学ぶことにもつながります。また，より一層日本語との違いにも意識が向き，国語にもよい影響が及ぶでしょう。さらに，発表資料ができれば，英語での議論のスタートラインに立てるため，自分が関心のあるテーマに関する色々な意見をもらうことも可能になるでしょう。

機械翻訳は，学習者の成長にとって良い効果も悪い効果ももたらす可能性を秘めています。機械翻訳に依存して自身の英語力の成長をあきらめさせる使い方ではなく，機械翻訳を自分の英語力の成長のために使う方法を授業で教えることは，その後の人生における学びの姿勢にも大きな影響を与えます。ぜひ正しい AI の活用方法を教えつつ，探究学習の支援をしてください。

4 その他の関連事例：AI との議論

　これまでは外部の専門家や英語圏に向けて発表・議論をする EdTech や AI について論じてきましたが，専門家や英語圏の発表相手が見つからない時も多々あると思います。その際，有効な発表相手になりえるのが，対話するように返答をしてくれる ChatGPT のような生成 AI です。ChatGPT の解説は第３章でも行ったため，ここでの説明は割愛しますが，AI を議論相手にすることも，探究学習の議論・発表の幅を広げる上で効果的です。

　前節で紹介した国語と英語の教科横断型授業の案で考えてみましょう。ある生徒がゲーム脳の意見について英語でまとめたので，英語で議論してみたいと思い，以下のような指示文を入力したとします。「あなたがゲーム嫌いだったとしたら」と回答者の属性を指定している点がポイントです。

In response to the following editorial, instead of grammatical feedback, please simulate how you would feel about the content if you disliked the game. ...（※作成した英語の意見の文章を次の段落に入れたとします）

　すると，ChatGPT は以下のような返答をくれます。

As someone who dislikes games,（中略）The editorial's call to discuss the pros and cons of different types of games separately might not satisfy me. I might think that it's an attempt to downplay the overall negative impact of games on education and that it overlooks the fundamental issue of excessive gaming and its consequences.（中略）

中略している箇所も含めると，大きく４つの理由と一緒に不満の具体例を書いています。質問や指示文でどういう人を演じてほしいか，どういう指摘をしてほしいかを詳しく指定すれば，英語での多面的な議論も可能になるでしょう。また，近年では英語音声を読み上げるソフトもあるため，擬似的に英語で対話することもできます。このような使い方は，英語の発表に自信がない学習者のリハーサルにも役立つでしょう。

　逆に，AI が苦手とする道徳的な判断や，文学らしい表現に関連させたテーマで AI に発表をさせ，それを批判したり，改善案を考えるという議論を行うことで，学習の本質的な部分を自覚させるという面白い授業を展開している事例もあります。例えば，前者については，ChatGPT に道徳的な判断をさせて児童に批判させるという，以下の鈴木秀樹先生の授業があります。この授業では，バランスを取ってどっちつかずな判断しかしない ChatGPT に対し，議論の本質に迫れていない感覚を児童に感じさせ，その後の人間による判断の深さに注目を向けることに成功しています。
鈴木秀樹「Bing（ChatGPT）は道徳教育の夢を見るか」
　https://note.com/ict_inclusive/n/nd５b５bd５f55a１

　後者については，枕草子のような文章を現代の題材で書いてみる授業に対し，ChatGPT に何度も指示しながらよい作品を書かせようとした，以下の藤原友和先生の授業があります。この授業でも，ChatGPT が作る惜しい文章から枕草子らしさのポイントを感じさせることで，自分たちで作品を作る際の参考にさせることに成功しています。
みんなの教育技術「ChatGPT を小６国語「私の枕草子」の授業に使ってみ
　たら｜藤原友和先生（北海道公立小学校）」
　https://kyoiku.sho.jp/232744/

　このように，「不完全な発表」を AI に演じてもらうことで，自分の発表・議論の質を向上させる使い方も効果的だといえるでしょう。

5 第5章のまとめ

　この章では探究の発表・議論を開く EdTech について論じてきました。特に「誰に発表し，誰と議論するのか」に対し，本章で紹介した EdTech を使うことで広がる範囲をまとめたものが**図5-9**です。ポイントを順に説明すると，以下になります。

●発表・議論を外部の専門家に開く
・同期システムのコメント機能を使って開く
●発表・議論を英語圏に開く
・機械翻訳を活用して，日本語でまとめた探究の成果を英語にする
・英文チェッカーを使って，英語の表現の質を高める
●発表・議論を AI に開く
・生成 AI に発表内容を批判してもらう
・生成 AI が行う発表を批判して，自分の探究に活かす

　このように EdTech によって発表・議論の対象や内容は広がりますが，同時に課題もあります。特に以下の３つに注意しましょう。

●外部に広く開く際は，攻撃的に意見する人から生徒を守る手段を考える
●機械翻訳に頼るのではなく，学習に活かす発想を強調する
●よい議論につながるよう，生成 AI の指示を工夫する

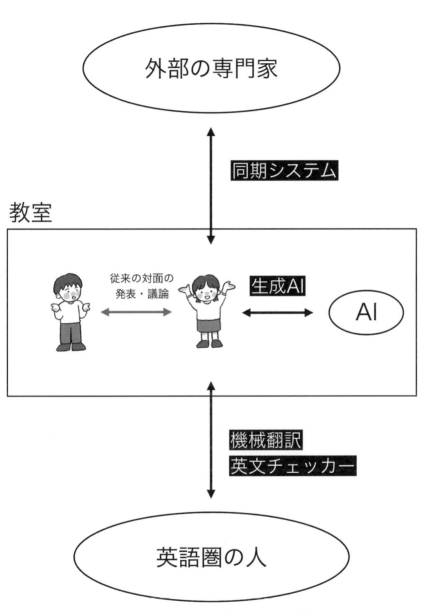

図5-9. EdTech で開く探究学習の発表・議論

第 6 章

EdTech と
未来の探究学習

山内　祐平

1 探究学習における EdTech 活用・12のポイント

　この本では，第3章・第4章・第5章において，探究学習において EdTech を活用するためのポイントについて，まとめてきました。ここで，それぞれの章のまとめを再掲しておきたいと思います。

第3章：探究学習の問いづくりを深める EdTech

●問いの発想を広げる

・学習者の関心を深掘りできる質問をしましょう

・VR や360度映像など，発想の刺激になる教材を見せましょう

●探究に合った問いにさせる

・各領域で一般的によいとされている問いの基準を提示しましょう

・学習者の関心領域に詳しくない場合は，詳しい先生を紹介しましょう

・論文検索エンジンを使って関心に近い先行研究を読ませましょう

●問いを推敲させる

・領域別に学校内でゼミを開き，お互いに推敲の意見を出させましょう

・領域の視点を提示する AI を使って問いを推敲させましょう

第4章：探究学習の調査・実験・開発を広げる EdTech

●収集するデータの拡張

・シミュレーションを使ったデータの収集

・バーチャル地球儀を使った衛星写真の収集

●分析方法の拡張

・シミュレーションソフトを使った実験

・テキストマイニングを使った文章データの共起解析

●開発方法の拡張

・3D で表現できるソフトを使った立体的なデザインや開発

第5章：探究学習の発表・議論を開く EdTech
●発表・議論を外部の専門家に開く
・同期システムのコメント機能を使って開く
●発表・議論を英語圏に開く
・機械翻訳を活用して，日本語でまとめた探究の成果を英語にする
・英文チェッカーを使って，英語の表現の質を高める
●発表・議論を AI に開く
・生成 AI に発表内容を批判してもらう
・生成 AI が行う発表を批判して，自分の探究に活かす

　本章では，この９点のポイントに，探究学習で EdTech を活用する際に前提となる教員や授業設計に関する３つのポイントを加えたいと思います。

●授業設計にあわせて EdTech 活用を創意工夫する
・授業にあわせて自分なりの EdTech 活用パターンをつくる
・簡単なツールの利用からはじめ，徐々にレベルアップする

　この本では第３章から第５章にかけて，探究学習の特徴から考えられる EdTech 利用の方向性と，対応する事例を紹介してきました。ただ，授業における EdTech の利用は紹介したもの以外にも様々な形が考えられます。この本やウェブで紹介されている活用パターンを試すところからはじめ，最終的には自分の授業実践にぴったりフィットする自分ならではの使い方を見つけられるとよいでしょう。
　その際には，いきなり高度なことに挑戦するのではなく，まずは簡単なツールの利用からはじめ，授業の中でトラブルなく安定的に使えることを確認しながら，徐々に高度なツールを利用し，EdTech を中核に位置付けた深い探究学習に段階的に挑戦していくとよいと思います。「小さくて確実な成

功」をつみあげていきましょう。

●教員が自ら EdTech を活用して探究活動を行う
・探究活動における EdTech 活用を楽しむ
・仲間を見つけて EdTech 活用の情報を交換する

　EdTech を利用する際には，教育効果をあげるために「学習者にどう使わせるか」という視点から考えることになりますが，そのためには，教員自身が EdTech 利用に慣れ親しんでいる必要があります。

　このような新しいテクノロジーを習得する最善の方法は，そのプロセスを楽しむことです。教員もよい授業のあり方について探究している一人の学習者です。ご自身の授業準備やそれに関連する試行錯誤の中で，まず本書で紹介したような EdTech を活用してみてください。それにより授業がよくなれば，どんどん楽しんで EdTech を利用できるようになるでしょう。

　また，学校内外で EdTech 利用に関する情報交換ができる仲間を見つけることも大事です。校内では特に同じ学年集団の中で情報を積極的に交換し，学級による活用の差をうめるようにしましょう。また，学会や研究会などに出席し，先進的な活用をしている教員と話をすると，刺激を受けて新しい授業の形を創造するきっかけになります。

●学習者の主体性を生かして EdTech を活用する
・学習者の情報活用能力育成を意識する
・学習者が発見した利用形態を授業に取り入れる

　第 1 章で説明したように，探究学習が注目されている背景には，学習者自身が変化する社会の中でよりよく生きていくための高度な能力を教育で身につけることが必要になってきたという事情があります。

　EdTech の活用についても，学習者が自らの学びを切り開くために主体

166

的に活用できるようにするのが最終目標になるでしょう。そのための情報活用能力を情報教育として育てるという視点も，ぜひ持っていただければと思います。

　また，そのようにして学習者が成長してくると，教員が想像もしなかったような面白い使い方を見つけてくるものです。その際には「授業は教員がつくるものだ」と頑なにこばむのではなく，ぜひその使い方を学級や学校で共有していってください。このような学習者を巻き込んだ授業改善ができるようになることが，EdTech利用の醍醐味でもあります。

2　EdTechと情報教育

　探究学習におけるEdTech利用において，学習者の情報活用能力の育成を意識する必要があるというポイントはすでに説明しましたが，情報教育の観点から少し補足しておきたいと思います。

　もともと情報活用能力という用語が1990年代に定式化されたときに参考にされたのが，アメリカを中心とした図書館情報学で議論されていた「情報リテラシー」という概念でした。

　情報リテラシーは，図書などを使って情報を調べ，自分に必要な情報かどうかその価値を判断し，自らの思考や表現につなげていく能力です。情報化社会の進展により，このような能力は図書だけではなく，インターネット上の情報に対しても必要になっています。

　逆に言えば，探究学習の問いづくりや調査活動で，EdTechに閉じた議論をすることは不毛です。インターネット上の情報を参照する方がよい場合もあれば，図書館で関連する本を読んだ方がよい場合もあります。第3章でとりあげたように，今後は生成AIを適切に使うということもこのプロセスに統合されていくでしょう。道具として何を使うかではなく，子どもたちが自らの学びを発展させるために，適切な情報を活用するための能力を育成することは，これからますます重要になってくるでしょう。

また，同じく情報教育の中では「情報倫理」について考えることも重要です。情報倫理というと，情報化社会における犯罪やトラブルから学習者を守るための「情報安全教育」を思い浮かべるかもしれません。実際，本書で紹介したウェブアプリを使う際は，個人情報の取り扱いについて確認する必要がありますし，授業で導入する時おさえておくべき重要なポイントです。しかし，情報倫理はそれだけにとどまるものではありません。

　特に今後生成 AI を学校の中で利用していく際には，生成 AI の急速な発展が社会のあり方とコンフリクトを起こしているという事実を，利活用の時間とは別途情報教育として確保することが望ましいと考えます。

　例えば，もう既に戦争や国際紛争などのプロパガンダで，生成 AI によってつくられたフェイクニュースが流れるようになってきています。人間と区別がつかない文章や写真がインターネット上の言論空間に出てきた場合，民主的な言論空間をどう守ることができるのか，まだその解は出ておらず，まさに今子どもである次世代の課題となるでしょう。

　答えがすぐ出ないとしても，このような問題があることを学習者に理解してもらうためには，生成 AI などの技術の仕組みをある程度理解する必要があります。このように日常世界で使われている技術をブラックボックス化せず，それを理解した上で活用について考えていく能力は「技術リテラシー」と呼ばれます。本書で説明したレベルの仕組みの説明は情報教育の一環として教えていただけるとよいと思います。

　生成 AI はそのパフォーマンスから，人格化・神格化が起こりやすい技術です。技術に対する理解を基盤とした批判精神を失ってしまうと，最悪の場合 AI に無批判に従い考えることができない人間になってしまう危険性があります。AI はあくまでもひとつの技術であり，よりよい人間や社会のためにどのように活用していくべきかについて，教室で議論できるとよいでしょう。

　今後生成 AI が作り出す情報には，「AI によって作られた（Made by AI）」ことを明示すべきだという議論も出ていますが，基本的には探究学習の素材

となるネット上の膨大な情報は，「人間によって作られた」ものです。人間が表現をする場合は，どのような人間がどのような文脈でその情報を作り出したのかということに注意する必要があります。このように，メディア上の表現に対して，その背景にある人間の意図や社会的な制約について批判的に考えた上で表現する能力を「メディアリテラシー」と呼びます。

　特に探究学習の問いを立てる際に，素材として使っているそれぞれの論考は誰がどのような意図で書いているのかをしっかり考える必要があります。

　このようなメタ的な思考はなかなか難しいので，新聞やテレビを題材にしながら特設の授業をした上で，普段から教員が子どもにこの観点から問い続けることが重要です。

③ EdTech と未来の探究学習

　最後に，EdTech を活用することによって，未来の探究学習をどのように進化させていくことができるのか，その方向性について考えてみたいと思います。

① EdTech と探究の問いづくり

　探究活動において，問いづくりは最も重要かつ困難なステージです。大学の研究活動は探究の代表的な形態の１つですが，「きちんとした問い（リサーチクエスチョン）が立てられれば研究の半分まできている」と言われるぐらい，このプロセスが重視されています。

　問いづくりが難しいのは，それが学習者の興味関心や生活経験にねざしており「問うてみたい」という動機を持っているという個人的な文脈と，探究することによって今までにない新しい知見を他者にもたらすことができるという社会的な文脈を同時に満たす必要があるからです。

　今まで，初等中等教育で行われてきた探究学習では個人的な文脈が重視されてきたかと思います。全ての学習者が「やってよかった」と思える探究学

習を実現するためには，個人的な文脈は出発点として大変重要です。

　ただ，今後探究学習をより高度化し，第1章で述べたように困難な社会で生きていくための高度な能力を身につけることを考えると，社会的文脈がきわめて重要になります。わかりやすくいうと，探究する内容が今までの探究に比べて「新しく」，そこでわかったことが実際に「役に立つ」という観点が重要です。

　この観点を学習者が理解し，内面化するのはかなり高度なことであり，最終的に独り立ちしてできるようになるのは大学生や大学院生の段階でよいでしょう。ただ，子どものころからこの観点が重要であることを理解することは，その後の探究活動の発達に大きな影響があります。

　教員がその観点から不断の問いかけをしていくことが，基本として大事ですが，EdTech を最大限活用して，今まで行われてきた研究・探究活動を網羅的に調査し，関係者にヒアリングしフィールドワークする中で，何が有用なのかを理解することが大事になってきます。

②　EdTech と探究の調査・実験・開発

　探究の問いに答えを出す調査・実験・開発のステージでは，問いの種類に応じて，方法が変わってきます。「何かをあきらかにしたい」という問いであれば調査と実験，「何かを作り出したい」という問いであれば開発ということになるでしょう。

　このプロセスでは従来，学習者が自分の手足を動かして，小さいスケールでもかまわないので，問いに対する自分なりの答えを出すということが重視されてきたかと思います。

　さきほどの問いづくりのステージともかかわりますが，EdTech を活用すると，このプロセスを実際に「役立つ」水準まで引き上げられる可能性があります。ビッグデータは誰でも使える形で公開が進んでいますし，それをもとに分析やシミュレーションを行うサービスも増えてきています。開発という観点でも生成 AI の登場によりプログラミングのかなりの部分は今後自

動化が進み，小学生や中学生でも驚くような水準のものが作れるようになってくるでしょう。

　ただ，EdTech の利用はある意味「下駄をはいている状態」であることは十分注意する必要があります。プログラムにデータを入力すれば何らかの結果は得られるわけですが，得られたデータが本当に妥当なものであるのか，何を意味しているのか考えるためには，方法に関する高度な知識が必要になってきます。

　教師がこのプロセスに伴走する際には，子どもが見た目のインパクトなどにごまかされないように，「そのデータや分析にどういう意味があるのか」について批判的な視座を外側から与え続けることが大事です。教員だけでは難しい場合，次項とも関係しますが，ビデオ会議のツールやドキュメントへのコメント機能などを活用し，大学生や社会人のボランティアにサポートしてもらうという方法もあるでしょう。

....

③　EdTech と探究の発表・議論

　探究活動の発表や議論については，従来学級に閉じて行われることが多かったかと思います。学習者はプレゼンテーションの見た目にこだわることはあっても，内容については進捗状況報告などでお互い知っており，聞き手の多様性もないため，質疑応答が形式的になりがちです。

　探究活動における発表は，活動のまとめよりも，今までやったことに対して本質的な質問を受け，探究活動において何ができて何ができていなかったかをしっかり認識するとともに，今後の課題を明確に理解するという重要な意義があります。

　大学の研究活動を例にすると，学会発表の場においては文脈がことなる多様な研究者や実践者から様々な角度から鋭いつっこみが入ります。発表者はこれに答えようとする中で，今まで自分では気がついていなかった研究の問題点や可能性について「発見」することができるのです。

　もちろん，子どもたちはこのような人的ネットワークを持っていません。

教員を含め大人世代が子どもたちの探究活動を支援する「探究の共同体」を構築する必要があります。

　筆者はかつて Facebook を使って高校生と大学生・社会人をつなげ，高校生が自らのキャリアについて探究するプロセスを支援するという研究を行いました。この時に特に有効だったのが，大学生・社会人が持つ人のつながりで，この人のつながりを通じて高校生は多くの有益な情報を手に入れることができました。このような価値を生み出す人のつながりを「社会関係資本」と呼んだりしますが，大人が持っている社会関係資本を，子どもたちの世代に貸し出すことができれば，発表や議論もさらに高度なものにしていくことができます。

　EdTech を使えば，教室と外の社会をつなげることができ，社会を巻き込んだ高度な発表や議論が展開できるというのは本書で紹介した通りですが，これを実現するためには，教員自身が外の社会とつながり，子どもたちの探究活動に協力してくれる人材バンクを持っている必要があります。

　教員の業務は過多な状況にあり，なかなかそのようなアプローチをする余裕が持てないかもしれませんが，ソーシャルメディアを日頃から少しずつ使い，協力してくれそうな人をフォローしてコミュニケーションしておき，研究会などで人脈を広げて，その人を通じて紹介してもらえる体制を作れると，いざというときに探究学習に協力してくださるボランティアを見つけやすくなるでしょう。

④　EdTech と未来の探究学習

　今まで様々な事例やポイントを紹介してきましたが，EdTech によって実現する未来の探究学習は，実は今未来を切り拓こうとしている大人たちの探究活動なのです。

　企業・自治体・NPO で社会課題を解決するために新しいプロジェクトを立ち上げようとすれば，新規事業の領域に関する探究活動を避けて通ることはできません。そのためには関連する文献や論文を網羅的にレビューすると

同時に，フィールドワークを行って現場に関する知識を深め，葛藤の中でブレイクスルーになるアイデアを生み出し，多様な人々との対話の中でアイデアをよりよいものに昇華させていく，このプロセスこそが未来の探究学習の原型なのです。

　そして，忘れてはならないことは，現在この探究活動をテクノロジー抜きで実践することは非現実的だということです。調査活動では検索エンジン，フィールドワークでは映像による記録やドキュメンテーション，人脈を作るためのソーシャルメディア，ビデオ会議システムによる対話など，あらゆるステージで，テクノロジーはフル活用されています。

　我々大学の研究者も同様です。論文の多くは電子化され，検索システムや推薦システムを活用してレビューを行います。新しい研究のアイデアを手に入れるため，MOOC のようなオンライン講義や海外の研究者の映像による研究発信を参考にしながら，ビデオ会議をフル活用して共同研究を行います。研究の進捗状況の管理はクラウドで行われ，海外とのやりとりでは生成 AI をフル活用しています。

　今小・中・高等学校にいる子どもたちは，間違いなくこのような世界で探究活動を行うことになるでしょう。その時に役に立つ「探究の方法」を学ぶことこそが，学校教育の重要な使命になっているのです。

　この本を読んでいただいたあなたのクラスで，子どもたちが大人になったときの「未来の探究」につながる，EdTech を活用した探究学習が行われることを期待しています。

【参考文献】

第1章

・Duncan, R. G., Chinn, C. A. (2021) 'Inquiry and Learning'. In R. G. Duncan., C. A. Chinn (Eds)., International Handbook of Inquiry and Learning (Educational Psychology Handbook). Routledge.

・経済産業省. 360度/VR映像を活用した国内外の社会課題の疑似体験教材の活用事例の創出と展開. https://www.learning-innovation.go.jp/verify/f0142/ （参照日：2023.10.1）

・文部科学省（2017）小学校学習指導要領（平成29年告示）解説 総合的な学習の時間編.

・文部科学省（2018）高等学校学習指導要領（平成30年告示）解説 総合的な探究の時間編.

・Pedaste, M., Mäeots, M., Siiman, A. L., Jong, T., van Riesen, A.N. S., Kamp, T. E., Manoli, C. C., Zacharia, C. Z., Tsourlidaki, E. (2015) Phases of inquiry-based learning: Definitions and the inquiry cycle. Educational Research Review, 14, 47-61.

第3章

楠見孝，米田英嗣（2018）"聖地巡礼"行動と作品への没入感：アニメ，ドラマ，映画，小説の比較調査，コンテンツツーリズム学会論文集, 5, 2-11.

第4章

・愛知県立旭丘高等学校（2020）平成31年度（令和元年度）指定スーパーサイエンスハイスクール SS数学S課題研究. https://asahigaoka-h.aichi-c.ed.jp/ssh/SSsuugakuSkadaikennkyu.pdf （参照日：2023.9.1）

・番匠谷省吾（2019）Google Earthを用いた地誌学習 〜アメリカ合衆国の農業を題材に〜. 広島大学附属中・高等学校 中等教育研究開発室年報, 32, 33-42.

・田中紀子（2021）高校生の日常における数学的視点 --ICTを活用した高校数学の個人探究学習 --（数学ソフトウェアとその効果的教育利用に関する研究）. 数理解析研究所講究録, 2178, 135-141.

第5章

・みんなの教育技術「ChatGPTを小6国語「私の枕草子」の授業に使ってみたら｜ 藤原友和先生（北海道公立小学校）」https://kyoiku.sho.jp/232744/ （参照日：2023.10.1）

・鈴木秀樹「Bing（ChatGPT）は道徳教育の夢を見るか」https://note.com/ict_inclusive/n/nd5b5bd5f55a1 （参照日：2023.10.1）

・山本良太，池尻良平，中野生子，米田謙三，山内祐平（2022）専門家のフィードバックによるプロジェクト学習の検証段階における支援の在り方の検討. 日本教育工学会論文誌, 46（1）, 115-130.

【著者紹介】

山内　祐平（やまうち　ゆうへい）

1967年生まれ。東京大学大学院情報学環教授。茨城大学人文学部助教授を経て現職。博士（人間科学）。情報化社会における学びのあり方とそれを支える学習環境のデザインについて，プロジェクト型の研究を展開している。

池尻　良平（いけじり　りょうへい）

1985年生まれ。東京大学大学院情報学環客員准教授。東京大学大学院 学際情報学府 博士課程を経て，2014年に博士号（学際情報学）を取得。歴史を現代社会の問題解決に応用できるゲーム教材の開発を行いつつ，高校生を対象に実践・評価を行っている。

澄川　靖信（すみかわ　やすのぶ）

1988年生まれ。拓殖大学工学部情報工学科助教。東京理科大学大学院理工学研究科博士課程を経て，2015年に博士号（理学）を取得。プログラムがコンピュータを効率良く使用できるように自動的に変換するコンパイラの研究と，人が歴史を効率的に学習できるように支援する機械学習の研究を行う。

〔表紙／本文イラスト〕小山さくら

EdTechで創る未来の探究学習

2024年4月初版第1刷刊	山	内	祐	平
©著　者	池	尻	良	平
	澄	川	靖	信
発行者	藤	原	光	政

発行所 明治図書出版株式会社
http://www.meijitosho.co.jp
（企画）及川　誠（校正）関沼幸枝
〒114-0023　東京都北区滝野川7-46-1
振替00160-5-151318　電話03(5907)6703
ご注文窓口　電話03(5907)6668

＊検印省略　　　　　組版所 朝日メディアインターナショナル株式会社

Printed in Japan　　　　　　ISBN978-4-18-268726-6
もれなくクーポンがもらえる！読者アンケートはこちらから